मेरी साईकल यात्रा-
सुभाष अग्रवाल

सुभाष अग्रवाल

क्रम-सूची

क्रम-सूची

1

2 सितम्बर 1970 होस्टल गवर्नमेंट कॉलेज, अजमेर

31 अगस्त को गणित में सप्लीमेंटरी परीक्षा देने के बाद मैं आबू लौट जाने की सोच रहा था लेकिन देरी इसलिये हो रही थी कि मेरे सभी पैसे मैं अपने एक मित्र को मेले में दुकान लगाने के लिए दे चुका था व मित्र अभी उसे लौटाने की हालत में नहीं था। एक सितम्बर का वादा था लेकिन वह शाम को मेले से वही उत्तर लेकर आया कि बस अब एक दो दिन और ठहर जाओ, गाडी पटरी पर आ गयी है। इसके साथ ही उसने पूछा- 'अरे भाई, एक बात बताओ, क्या तुम साईकिल पर कश्मीर जाना चाहोगे।"

'कैसे' स्वाभाविक प्रश्न था

'हमारे संकाय के कुछ लड़के साईकिल पर जम्मू कश्मीर जाने का प्रोग्राम बना रहे है'।

मैंने पूछा, 'कौन हैं ?'

'एक कोई फर्स्ट इयर का के.डी.शर्मा है व चार पांच लड़के और हैं।'

मेरे दिल में एक नयी आशा का संचार हुआ था। बिजली सी कौंधी- अब जब तक परीक्षा का परिणाम नहीं आये मैं करूँगा भी क्या? घर में भी क्या सुख है? कल से ही मन इस यात्रा के सपने देखने लगा था।

आज जब मैं कॉलेज कैफे गया तो के.डी.शर्मा (किशन) सभी के साथ इसी विषय पर विचार कर रहा था। मैंने भी अपना परिचय दिया व जाते ही उनका साथ देने की अपनी मंशा जाहिर कर दी। एक और साथी पाकर वे सब बड़े प्रफुल्लित हुए। फिर तो देर तक बहुत सी बातों पर चर्चा हुई व मैंने कई प्रश्नों के उत्तर खोजे। के.डी. ने अच्छी तैयारी व अध्ययन कर रखा था वह पहले भी ऐसी यात्रा कर चुका था, अतः मुझे सब कुछ समझा पाया। मुख्य प्लान ये था कि हम साईकिल द्वारा अजमेर से जयपुर, अलवर, दिल्ली, सोनीपत, पानीपत, करनाल, पीपली, अम्बाला, चंडीगढ़, लुधियाना, जालंधर, पठानकोट, जम्मू होते हुए श्रीनगर जायेंगे व लौटते हुए पटियाला, शिमला आदि भी देखेंगे। कुल दूरी लगभग 2000 कि.मी. साईकिल

नई किराये पर ली जायेंगी। इसके लिए एक दुकानदार तैयार हो गया है। रास्ते की जरूरत के सामान की लिस्ट के.डी. कल बना देगा। कॉलेज से इसे स्पॉसर करने पर विचार चल रहा है। इससे मेरा भी उत्साह बढ़ गया। ये तो एक बड़ा ही साहसिक कार्य है। अब व्यर्थ की बातों की जगह मुझे एक नया विषय सोचने के लिए मिल गया था। कैफे से जब हम उठे तो कल और विचार के लिए मुद्दे तय हों गए थे, जिनमे मुख्य बिंदु ये तय करने थे कि –कल शाम तक सब चलने वाले साथी घर से अनुमति प्राप्त कर चलने की पुष्टि करेंगे व कल उसके तुरंत बाद ही चलने की तारीख तय कर ली जावेगी। अब तक छः व्यक्ति लिस्ट में थे जिनमे मैं अंतिम रूप से जुड़ा था। मेरे लिए ये भी दिलचस्प बात थी कि इस यात्रा में कुछ ज्यादा खर्च नहीं होना था।

कैफे से हॉस्टल में आकर भी मैं अपने मित्रों के साथ अब साईकिल यात्रा की ही बात करता रहा। रात को नींद जब तक नहीं आई मेरा मन साईकिल पर ही सवार रहा व अच्छी बुरी बातें सोचता रहा। कई शंकाए कि क्या मैं इतने दिन व इतनी दूर लगभग 2000 कि.मी. सचमुच साईकिल चला पाउंगा? घर वालों को कैसे बताऊँ ? वे तो ये सब जानकर मेरे बारे में न जाने क्या सोचे/समझेंगे। अखबार में इस समाचार को छापने से कैसे रोक पाउंगा ? क्या मेरे साथी अखबार में मेरे नाम की चर्चा नहीं होने देने के लिए मान जायेंगे? ढेरों प्रश्न लेकर बहुत थकान आ गयी थी फिर भी मैं बहुत देर से सो पाया।

2

4 सितम्बर 1970

दोपहर में सभी साईकिल यात्रा पर जाने वाले साथी फिर कॉलेज कैफे में एकत्रित हुए व निम्न कार्यक्रम तय किये-

1. कॉलेज के खेलों के इंचार्ज-प्रोफेसर से यात्रा को स्पोंसर कराने को मिलना

2. किराए की नयी साईकिलों हेतु बात करना।

3. सामान की जो लिस्ट के.डी. शर्मा ने बनायी है उस पर गौर करना व अन्य सुझाव देना।

4. समाचार पत्र में मेरा नाम प्रकाशित नहीं करना

ये भी विचार किया गया कि एस.पी. व जिलाधीश से भी यात्रा को प्रमाणित कराया जाएगा व राज्य सरकार से भी जयपुर जाकर प्रमाण पत्र लेंगे ताकि मुसीबत में कहीं भी मदद ली जा सके।

सामान की जो लिस्ट बनी उसमे लगभग 40 आइटम थे –साईकिलें, पाने, दो ट्यूब, एक टायर, एक टोर्च, हवा का पम्प, एक टूरिस्ट बनियान, एक सफ़ेद पेंट, हंटर शू, एक टोवेल के मौजे व एक सूती, दो बनियान, दो पेंट व दो शर्ट्स एक्स्ट्रा, दो लंगोट, फेल्ट हेट, गोगल्स, साबुन, बरसाती, गर्म मौजे, एक स्वेटर, एक मंकी हेट (फर का) मफलर, हाथ के गर्म मौजे, तेल, कंगा, घडी, पेन, पॉकेट डायरी, डेली डायरी, दरी, कम्बल, तीन साईकिल के बैग, चाकू, केमेरा, ट्रांजिस्टर, चप्पल, दवाईयां, ग्लूकोज, फोस्फोमिन आदि आदि।

इनमें से कुछ सामान तो मेरे पास था, कुछ इधर उधर से बटोरने का विचार किया, व कुछ खरीदने का। अब बहुत से विचार मेरे मन में चलने लगे थे

क्या ये साहसिक कार्य सचमुच प्रारंभ हो पायेगा ? क्या मैं शारीरिक रूप से इसमें हिस्सा लेने योग्य हूँ, मैंने तो कभी इतनी लंबी दूरी तक साईकिल पहले नहीं चलायी है। न जाने कैसे कैसे विचार उठते रहे। कभी कोतुहल, कभी शंका, कभी भय, कभी प्रतिष्ठा, तो कभी अपमान व हास्य। क्या कॉलेज से हमें स्पोंसरशिप व प्रमाण पत्र मिल पायेगा ? न जाने कैसे कैसे विचार उठते रहते थे। मैं वैसे भी लगभग प्रतिदिन डायरी लिखता रहता था, अब उसी में आगे बढ़ता गया।

3

6 सितम्बर 1970 अजमेर

वास्तव में मैं बहुत ही साहसिक व कठिन कार्य में हाथ डाल चुका हूँ जबकि यह मेरा प्रथम अवसर है। मुझे लंबी साईकिलिंग का कुछ भी अनुभव नहीं है बस जो कुछ मेरे पास है वह मेरे मन का साहस, उत्साह व लगन है साईकिलिंग के लिए अपने शरीर का भी कुछ नहीं कह सकता, वैसे मैं परिश्रमी हूँ व स्कूल व कॉलेज की प्रथम ग्यारह की हॉकी टीम का सदस्य रहा हूँ स्कूल की ओर से स्टेट स्तर तक व कॉलेज की तरफ से अंतर यूनिवर्सिटी में तीन वर्ष तक प्रतिनिधितित्व कर चुका हूँ, खेलकूद व स्पोर्ट्स में बचपन से अच्छी रूचि रही है शरीर भी सुदृढ़ है पर कभी साईकिल के लायक न बना तो....खैर ईश्वर पर विश्वास है व विश्वास है अपनी आत्मा पर।

कैसे अजीब-2 लोग हैं। हम इतना साहस कर रहे हैं, पर कुछ लोग हमें तोड़ने की कोशिश कर रहे हैं। न जाने क्या क्या कह जाते हैं, यहाँ तक कि जाओगे तो लौट कर नहीं आ पाओगे, तुम्हारी लाश ही मिलेगी। कितने कटु शब्द कितने हतोत्साहित करने वाले। ईश्वर हमें साहस दे। मन की अजीब हालत है, कहीं उत्साह, कभी हतोत्साह, कभी ताडना, कभी प्रेमभाव व आदर् जनक भाव। देखता हूँ दृढ निश्चय सफलता में कितना साथ देता है। ऐसे अजीब वातावरण को देखकर याद आती है किसी अपने की, जो मन में साहस भर दे।

जब देर तक नींद नहीं आई तो पंजाब के नक़्शे व वहां के कल्चर का अध्ययन करता रहा। आज जो सबसे बड़ी टीस थी वह थी ललची के कारण। कल जब के.डी. प्रेस रिपोर्टर से मिला था, उसने यात्रा पर जाने वालों का नाम देने से मना कर दिया तब ललची ने अपने उन दोस्तों के नाम देने चाहे जो यात्रा पर जा ही नहीं रहे थे। किशन के गुस्सा होने व नाम नहीं देने पर ललची बिगड़ गया था व उपाध्याय के साथ मिलकर हम लोगों के विरोध की योजना बनाने लगा था। ललची व उपाध्याय ही दरअसल हमें किराए की साईकिलें दिलाने वाले थे, पर अब वो टालमटोल करने लगे थे। तब मैंने बहुत मुश्किल से उसे समझाया व मनाया था।

आज एक विद्यार्थी ने चलने से इनकार कर दिया अतः हम चार ही रह गए। आज प्राचार्य से भी मिले। हमारे हॉकी खेल के प्रभारी श्री भार्गव ने ही उनसे हमारी मुलाक़ात करवायी।

प्राचार्य ने हमारी बातें स्वीकार कर ली व प्रमाण पत्र दे दिया जिसमे अब केवल किशन शर्मा, मेरा, गोपाल विश्वास व नटवरलाल के ही नाम लिखे गए।

4

7 सितम्बर, 1970 अजमेर

आज हमें नयी सायकिल मिल गयी है अभी शाम को चार बजे ही लेकर आये हैं। यह तय हुआ है कि हम 11 सितम्बर को यहाँ से निकलेंगे व 20 अक्तूबर को वापस आयेंगे। यहाँ से जयपुर, अलवर, दिल्ली, सोनीपत, पानीपत, कुरुक्षेत्र, अम्बाला, चंडीगढ़, लुधियाना, जालंधर, पठानकोट, व जम्मू तक साईकिल पर जायेंगे। जम्मू से श्रीनगर का रास्ता बहुत कठिन है अतः आगे के सफर की वहीँ पर सोचेंगे। लौटते समय वाया अमृतसर, गुरदासपुर, पटियाला आयेंगे। शिमला एक दिन के लिए जायेंगे। वैसे सब कुछ वहीँ तय करेंगे, चूंकि किशन अनुभवी है अतः उसकी सहमति विशेष होगी। सभी रु.50.00 किशन के पास जमा करवाएंगे। लिस्ट के अनुसार सब अपना अपना सामान एकत्रित करके 9 तारीख तक मेरे रूम (होस्टल) में रखेंगे। बाकी बातें समयानुसार तय होंगी। कलेक्टर व एस.पी. के प्रमाणपत्र भी लिए जायेंगे।

P. N. MATHUR
PRINCIPAL

PHONE { OFFICE : 21
RES : 379

GOVERNMENT COLLEGE
AJMER

It gives me pleasure to certify that a team of 4 students of this College are proceeding on a Cycle tour of Northern India, in the second week of September, 1970. Their tour is likely to end in October, 1970.

These students may please be extended all possible facilities in regard to the lodging arrangements etc.

I wish them all success in their adventure.

Name of the Tourists:-

1. Krishan Dutt Sharma
2. Subhash Chand Agarwal
×3. Natwar Lal Goyal
×4. Gopal Vishwa

(P. N. Mathur),
Principal.

Principal
Government College, AJMER

5

8 सितम्बर 1970 अजमेर

आज दिन बड़ा व्यस्त रहा, परेशान भी रहा। यात्रा को लेकर प्रतिपल नए नए विचार बनते बिगड़ते रहे। कल से सभी ने हमारा प्रोग्राम निश्चित देखकर उत्साह दिखाना प्रारंभ कर दिया था। कॉलेज के एक एक लड़के को इस यात्रा का ज्ञान हो गया है व हर जगह इसकी चर्चा है।

आज हम नयी साईकिल पर ही घूमते रहे व उस पर अपनी पसंद के सब सामान, सीट आदि लगवाये। इस सब से अब हम प्रसन्न हैं।

आज बहुत भागदौड़ रही। आज किशन ने गोपाल को साथ चलने से मना कर दिया क्योंकि उसका रवैया कुछ ठीक नहीं लग रहा था व उसका स्वास्थ्य भी कमजोर ही है अतः शंका होने लगी थी। नटवर का रवैया भी आज खराब था। सुबह सुबह ही आकर बोला कि मेरे पिताजी की तबियत खराब है अतः 14 तारीख़ को चलेंगे। मुझे बड़ा गुस्सा आया। जब 11 तय कर चुके हैं तो फिर 14 को क्यों? काफी बहस के बाद उसका भी नाम हटा दिया है। अब सिर्फ मैं व किशन ही चलने वालों में रह गए हैं। सभी बातें साथ साथ हुई हैं।

सुबह मालूम हुआ कि 11 को कॉलेज की छुट्टी है अतः काफी बहस व मेरे जोर देने पर जाने की तारीख भी 10 सितम्बर रख ली गयी है। मेरे मन में बड़ी शंकाएँ चल रही है क्योंकि घटनाएँ तेजी से घट रही हैं।

आज कलेक्टर व एस.पी. से भी प्रमाण पत्र मिल गए हैं। उन्होंने हमारी प्रशंसा की।

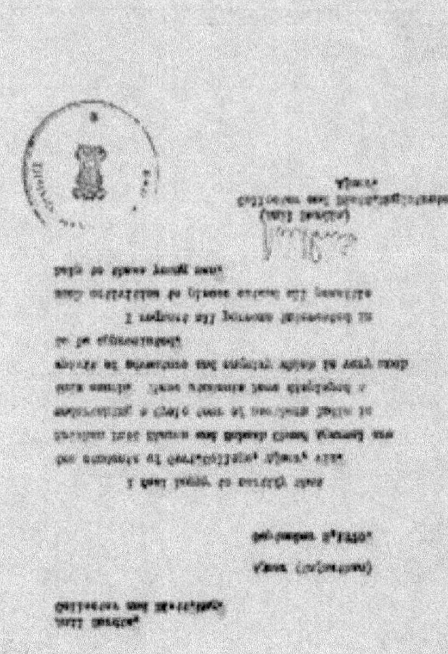

Anil Harding,
Collector and Magistrate,

Ajmer (Rajasthan)
September 8, 1970.

I feel happy to certify that the students of Govt. College, Ajmer, viz. Kishan Lall Khanna and Subash Chand Agrawal are undertaking a cycle tour of northern India in this month. These students have displayed a spirit of adventure and enquiry which is very much to be appreciated.

I request all persons interested in such activities to please extend all possible help to these young men.

(Anil Harding)
Collector and Magistrate,
Ajmer

बहुत से सामान की आज खरीदारी भी कर ली है। आज ही तीन टूरिस्ट बनियान पेंटर को मेरे सुझावानुसार उस पर मैटर लिखने को दे दी हैं। किशन से कई बातों पर बहस हो जाती है क्योंकि वह अपने पुराने अनुभव से आगे नहीं बढ़ना चाहता है जब कि मेरे पास सुधार करने के विचार आते हैं। आज एक और शंका खड़ी हों गयी। शाम को किशन व गौड मेरे रूम पर आये व बोले कि 10 की बजाय 11 को चलो तो गौड भी साथ चलेगा। किशन को भी ये अच्छा लगा था भले ही कॉलेज की छुट्टी हो। मैं गौड को अच्छी तरह पहचानता था पर किशन इसी वर्ष कॉलेज में आया है जबकि मुझे 4 वर्ष हों गए हैं। मुझे लगा कि गौड ने यदि ये यात्रा निलंबित करवा दी तो बड़ा बुरा होगा अतः बड़ी बहस हुई पर अभी तक कुछ भी निश्चित नहीं है। मेरा मन 10 तारीख पर ही जोर दे रहा है, जब सबको 10 की घोषणा कर दी गयी है तो अब परिवर्तन क्यों ? हमारी भागदौड देख कर सब हमारे पक्ष में हों गए हैं व उत्साहित कर रहे हैं, तैयारी भी सभी हों चुकी है तो हमें निश्चित समय पर निकल जाना चाहिए, वरना अपमानित होना पडेगा। ललची भी इतने उत्साह से विदा करने में रुचि ले रहा है वह हताश हो जाएगा।

दूसरी ओर ये भी सच है कि दो से तीन हो जायेंगे तो काफी सुविधा होगी व हिम्मत बढ़ेगी। इन सब बातों से आज मन काफी परेशान रहा व उनके रूम से जाने के बाद मैं पुनः उन्हें ढूँढने निकला व बहुत साईकिल दौडाई पर वे कहीं नहीं मिले। अभी से पैरों में हलकी हलकी थकान महसूस हो रही है, पर अभी भी हिम्मत नहीं हारनी है, ईश्वर सफल अवश्य बनाएगा। प्रभु मेरी मदद करना।

आखिर रात बहुत हों गयी, कोई साथी भी आज नहीं था तभी विनोद राव ने बताया कि उसकी तबियत खराब है तो थके होने के बावजूद भी मदार गेट तक जाकर उसकी दवाएं लेकर आया।

6

10 सितम्बर 1970 दूदू-

इस समय मैं दूदू के एक पंजाबी ढाबे में बैठा हूँ बाहर मैदान में हर तरफ कुर्सियां लगी हुई है व चारपाईयां बिछी हुई है किशन उन्ही में से एक पर लेटा हुआ है। दूदू अजमेर से 41 मील दूर है। कल रातभर ठीक प्रकार से नींद नहीं आई थी, न जाने क्या क्या सोचता रहा। कभी इस साहसिक कार्य के विषय में। कभी अपनों के बारे में। आखिर गौड का जाना भी रुक गया। मैं व किशन ही यात्रा पर जाने वाले रह गए।

सुबह भी आँख जल्दी खुल गयी। आज यात्रा पर जो निकलना था। सुबह शर्मा का इंतज़ार बुरी तरह से अधीर बनाये हुए था। आज का दिन वैसे बहुत खूबसूरत लग रहा था। कल रात को ही हमने आज दोपहर 1.30 बजे निकलना तय कर लिया था। किशन 10 बजे मेरे रूम पर आया। और हम अंतिम तैयारी में जुट गए। सबसे पहले साईकिल पर यात्रा के विवरण का बोर्ड लगवाने गए। फिर प्राचार्य महोदय से मिलने गए। वित्त सम्बन्धी बाते उन्होंने प्राध्यापक पाराशर साब पर डाल दी। पाराशर साब उस समय कक्षा ले रहे थे जिसे साधारणतः वे बीच में छोड़ते नहीं है, पर हमारी प्रार्थना पर आज कक्षा छोड़कर प्राचार्य जी के पास आये व तय हुआ कि वे उक्त राशि अब हमारे गंतव्य पर भेज पाएंगे।

हम हॉस्टल आये। आज कॉलेज में इलेक्शन के कारण काफी चहल पहल थी, साथ ही हमारी यात्रा के चर्चे भी चल रहे थे। धीरे धीरे लड़के हॉस्टल में एकत्रित होने लगे।

खाना खाने के बाद किशन रूम में आराम करने लगा। लगभग 12 बजे उसके आराम में खलल डालना पड़ा। मैंने तबतक स्नान आदि कर सफ़ेद पेंट व टूरिस्ट बनियान पहनी। बनियान पर साईकिल टूरिस्ट लगा हुआ चमक रहा था। हंटर जूते पहनकर गोगल्स लगते ही एक अलग अनुभव हुआ व अपने आप को कुछ विशेष, सबसे हटकर अनुभव किया। बहुत से मित्र एकत्रित हो गए थे और हम दोनों उनके प्रशंसापात्र बन गए थे।

सबकुछ तैयार होने पर हमने अपने बैग साईकिल पर जमाए मैंने प्रसाद मंगवा कर ईश्वर से प्रार्थना की। इससे बड़ी तसल्ली हुई। आखिर रूम से बाहर कदम रखे। एक एक कर न जाने कितनी ही मालाएं मित्रों की ओर से गले में झूलने लगी। सभी जाने अनजाने हाथ मिलाकर

शुभकामनायें देने लगे। इस भीड़ की फोटोज निकाली गयी।साईकिल लेकर पैदल ही सबसे पहले हम हॉस्टल वार्डन के घर की ओर गए। वार्डन साब वहां नहीं थे।अतः उनकी पत्नी से आशीर्वाद लेकर आगे बढे।

अब हम साईकिल पर चढ़े व धीरे धीरे चलने लगे। जुलुस शुरू हो गया था होस्टल से कॉलेज लगभग 200 मीटर है भीड़ हमारे साथ थी। हम कॉलेज आये-एक लड़का जोर जोर से बिगुल बजाता चल रहा था अतः सब अपना अपना काम छोड़कर बाहर आ गए। प्राचार्य महोदय भी रूम से बाहर आये। उनके चरण छूने पर उन्होंने तुरंत उठाकर गले लगा लिया । आशीर्वाद लेकर हम आगे बढे। हमारे चारों ओर लड़के व लड़कियों की भीड़ देखकर हम उत्साहित थे। सभी की निगाहें हमारे साईकिल पर लगे बोर्ड व हमारी बनियानों पर लिखे शब्दों पर टिकी थी। एसेम्बली हॉल के सामने सबने उत्सव सा मनाया व फोटोज खींचे।

लगभग 150-200 लड़के हमारे साथ 'गवर्नमेंट कॉलेज- जिंदाबाद ' के नारे लगाते चले।यात्रा प्रारंभ हों गयी। सभी धीरे धीरे चलते रहे। कॉलेज कैंपस से बाहर आकर मार्टिन ब्रिज के पास बाटा शू स्टोर पर रुके जहाँ हमारा स्वागत हुआ व फोटोज लिए गए।

ठंडा वगैरा लेकर आगे साहनी साईकिल पर रुके तो ढेर सी मालाएं फिर गले में आ पड़ी। यहाँ हमने उनसे एक पुरानी ट्यूब मांगी तो लड़कों ने नयी नयी का हल्ला मचा दिया। उसने हमें सहर्ष दो नयी ट्यूब, दो नए टायर व दो पुरानी ट्यूब दे दी।

अब टोली आगे हमारे मित्र पालीवाल की दूकान पर रुकी जहाँ सबने ठंडा वगैरा पिया व उसने यात्रा में साथ रखने को हमें एक रम की बोतल भेंट की। जुलुस धीरे धीरे आगे बढ़ता रहा व सभी कोतुहल से हमें देखते रहे। हम काफी गौरवान्वित महसूस कर रहे थे। आगे तो लड़के हमारे लिए न जाने क्या क्या संग्रह करते रहे, कहीं से टायर, तो बीडी, सिगरेट केमेरा का रोल आदि आदि।

हम सभी स्टेशन रोड के सामने से होते हुए कचहरी रोड पर बढे जहाँ मेल्विन व इन्दर चौधरी (कॉलेज के प्रेसिडेंट व हमारे वरिष्ठ साथी) वगैरा ने स्वागत व विदाई का प्रबंध कर रखा था। उन्होंने हमें गले लगाया, नारे बहुत तेज हो गए। फिर एक बार ठन्डे पेय का जोर।

गले में पड़ी मालाएं गर्मी से परेशान कर रही थी पर लड़कों ने उन्हें उतारने नहीं दिया। बड़ी मुश्किल से थोडा हल्का हुआ। यहाँ से जुलुस और बड़ा हो गया व सभी विद्यार्थी साईकिलों, मोटर साईकिलों पर सवार होकर धीरे धीरे हमें चुंगी नाके तक छोड़ने को चल पड़े।

हम रास्ते में एस.पी. से भी मिलने गए उन्होंने हमें शुभकामनायें दी । कलेक्टर से उनके घर जाकर मिले जिन्होंने हर तरह की मदद का आश्वाशन दिया। उनके साथ भी फोटो लिया।

वहां से रास्ते में पड़ने वाली सोफिया कॉलेज (गर्ल्स) के सामने इस जुलुस ने काफी नाच किये व नारे लगाये । कॉलेज की सारी लड़कियां अपने कम्पाउंड में एकत्रित होकर जुलुस को व नाच गानों को देखने लगी।

आगे बढ़ने पर हम एक रेस्टोरेंट पर रुके जहाँ कई लोग हमसे मिलने को खड़े थे। तभी एक लड़का 'सुनो..सुनो ' कहकर चिल्लाता हुआ आया व बोलने लगा ' सोफिया कॉलेज की

प्रिंसिपल ने इन दोनों के लिए ग्लूकोज के बिस्कुट भेजे हैं।" पूरी टीम के लिए ये एक अनोखी घटना इसलिए थी कि अन्यथा वे हमेशा इस कॉलेज के लड़कों से खफा रहती थी। सबका मन हर्षित हो गया।

अब सामने की चढाई चढ कर पूरी टोली चुंगी नाके पर आ गयी व यहीं से हमें अंतिम विदाई देना निश्चित हुआ। यहाँ से आगे हम दोनों मित्रों/यात्रियों को ही जाना था। एक बार फिर सभी आ आकर हमें कुछ ना कुछ समझाते रहे,गले मिले, व कई तरह की बातों से साहस बढ़ाया। अब लगभग 4 बज गए थे हम साईकिलों पर सवार हो गए व साईकिल ढलाव पर आगे की ओर लुढकने लगी। ऊपर सभी हाथ हिलाकर विदाई दे रहे थे व हम मुड मुड कर उन्हें देखते हुए लुढकते रहे। कुछ ही देर में हम आँखों से ओझल हो गए । अंततः हमारी यात्रा प्रारंभ हो गयी थी।

7

11 सितम्बर 1970 जयपुर

कल सब कुछ नहीं लिख पाया था, अतः वहीं से शुरू करूँगा। चुंगी नाके से आगे चलकर हम दोनों साथी कुछ देर के लिए रुके, क्योंकि हम बहुत देर से एक दूसरे से कुछ सीधे बात नहीं कर पाए थे। कुछ देर बैठकर हमने सभी घटनाओं पर बात की। हमें भेंट में क्या क्या जरूरत का सामान मिला, ये देखा। ये सभी हमारे लिए अमूल्य थी क्योंकि इनमे मित्रों का विश्वास झलकता था। यहाँ बैठकर मुझे अपने घरवालों की याद आई जिनकी अनुमति इस यात्रा के लिए मैं अब तक नहीं ले पाया था। सोच रहा था न जाने सब यात्रा के बारे में क्या सोच रहे होंगे?

कुछ देर बाद हम फिर आगे बढे। अब तो बस चलना ही एक काम था। हम चलते जाते व बातें करते जाते। रास्ता कटता रहा। गति साधारण से कुछ ज्यादा रखी थी क्योंकि लगने लगा था कि हम लेट हो गए है।

किशनगढ़ की सीमा शीघ्र ही आ गयी। वहां एक परिचित एक होटल पर मिला जिसने रोक कर जबरन चाय पीने की मनुहार की। शीघ्र ही वहां से चलने व किशनगढ़ में अपने एक पुराने मित्र महेश से मिलने का तय किया। महेश के पूरे परिवार ने हमारा स्वागत किया। कुछ ही देर में वहां से व फिर नीचे एक ट्रांसपोर्ट कंपनी के मालिक के कहने पर फिर एक बार चाय पीकर आगे बढे।

कुछ दूर जाकर किशन ने पुनः साईकिल से उतर कर हल्का होना चाहा। मैंने भी पेंट खोलकर हाफ पेंट पहनी। लगभग 6.30 हो गए थे व सूर्य देवता भी अस्त होने की तैयारी कर रहे थे। हम चलते रहे। आकाश पर छाई लालिमा धीरे धीरे लुप्त होने लगी। हम दोनों शांतिपूर्वक चलते रहे। किशन आगे व मैं पीछे पीछे। अपने मन में न जाने क्या क्या सोचते हुए। किशन बार बार उतर रहा था अतः मुझे थोड़ी खीझ हुई। जब दिन बिलकुल छिप गया तो हमें अपनी गति बढ़ानी पड़ी। गर्मी का आभास हुआ। काफी साईकिलिंग करने के बाद हम लगभग 8.30 बजे दूदू पहुंचे।

यहाँ हल्की हल्की थकान अवश्य महसूस हुई पर किशन की हालत देखकर मुझे संशय हुआ कि ये चल भी पायेगा या नहीं। चालीस मील आने में ही इतनी थकान। खैर मैं चुप रहा। उसने 8.30 से 11.00 बजे तक रुकने का प्लान बनाया जिसे मैंने स्वीकार करना ही था। पहले ही दिन जबकि हम जोश से भरे हुए हैं ये हाल, ये ढीलापन क्यों ?

खैर हम स्टेशन के एक छोटे से रेस्टोरेंट में बैठे, किशन ने पेट साफ़ करने की तैयारी की, तब तक मैंने बैठकर चाय पी। कुछ देर बाद किशन किसी होटल से खाना खाकर ही आया। फिर हम दोनों उसी होटल पर आ गए। होटल काफी बड़े मैदान पर थी, जो कि खास तौर पर ट्रक वालों के आराम के लिए ही बनायीप गयी प्रतीत हुई। बड़े मैदान पर ढेरों टेबल व कुर्सियां व सामने बहुत सी चारपाईयां बिछी हुई थी। ट्यूब लाईट्स व बल्ब से जगमग। सामने ही रोड पर ट्रक खड़े हुए थे। हमने भी अपनी साईकिल एक ओर खड़ी की। किशन तो चारपाई पर लेट गया। मैं खाना खाने लगा। खाने में तंदुर की बड़ी बड़ी व मोटी मोटी चपातियाँ, एक चपाती का मूल्य 30 पैसे व दाल मुफ्त। मैंने सिर्फ दो चपातियाँ खायी।

खाना खाते समय ही बनियान पर लिखे उद्देश्य को देखकर एक इंजिनियर से भी मुलाकात हुई। उसने सब कुछ जानकर शुभकामनाये दी। खाना खाकर मैंने पिछले समय की गतिविधियां डायरी में लिखी, पर थकावट के कारण पूरी न कर पाया। जब 11 बजने वाले थे मैंने किशन को उठाया जो कि सो चुका था, वह भी चलने को तैयार हुआ। पर उसके चेहरे पर थकान स्पष्ट दिखी। इस दो घंटे के बाद मेरा भी मन और आगे चलने से उखड गया था। अभी हम बैठे बैठे सोच ही रहे थे कि कुछ ट्रक वालों ने हमसे बात की व सलाह दी कि अब रात में जाना उचित नहीं है रोड छोटा/संकरा है व ट्रक बहुत आते हैं। आखिर हमने भी अभी वहीं रुकने का निर्णय लिया व सुबह शीघ्र उठकर आगे जाने का विचार किया।

साईकिल होटल में अंदर खड़ी की, मुझे सामान की बड़ी चिंता थी, दरी व कम्बल निकाल कर चारपाई पर सो गए। हम दोनों को नींद भी जल्दी ही आ गयी। पर कुछ देर बाद यानि 2 बजे ही मेरी नींद वापस खुल गयी। उसके बाद नहीं आई व यों ही लेटे लेटे सोचता रहा। कभी कोई किताब पढ़ी तो कभी डायरी लिखी। ऐसा लग रहा था जैसे घडी थम गयी है। चार बजे के इंतज़ार में बहुत बोर हुआ। चारों ओर चुप्पी छाई हुई थी। सिर्फ होटल के दो नोकर जाग रहे थे व काम कर रहे थे। बाहर की सभी लाईटें बंद कर दी गयी थी। मेरे पास भी पड़े पड़े विचारों की दुनिया में डूबे रहने के अतिरिक्त कोई और काम नहीं था। हल्की रोशनी में डायरी के पिछले पन्ने ही पलटता रहा।

लगभग 3.30 बजे किशन स्वयं ही उठ गया, उठते ही तैयारी शुरू कर दी। मुंह वगैरा धोकर साईकिल उठाई व अपने सफर पर चल पड़े। काफी अँधेरा था। चाँद की रोशनी भी बादलों में सिमट कर रह गयी थी। आसपास का जंगल इतना ज्यादा भयानक तो नहीं लगा पर कुछ तो डरावना था ही।

कुछ ही देर में एक के बाद एक ट्रक सामने से आने लगे, उनकी तेज रौशनी आँखों पर पड़ती थी। रोड पर साईड बिलकुल नहीं देते थे। हर बार हमें रोड से कच्चे मार्ग पर उतर

जाना पड़ता था, हर क्षण डर था कि कभी साईकिल खड्डे में न चली जाये। पर चलना तो था ही। आँखों पर पड़ी तेज रौशनी के कारण साईकिल को तुरंत रोड पर ला भी नहीं पाते थे। कभी कभी तो ट्रकों की कतार ही आ जाती थी। गति बहुत धीमी रही। रोड बहुत खराब लगा। आखिर दो घंटे बाद थोडा थोडा प्रकाश हुआ, बादलों में रंगीनियाँ नज़र आई। वायु की ठंडी ठंडी लहरें चली। अब मन कुछ आनंदित हुआ। हम एक जगह रुके व नित्य कर्म से निवृत होकर फिर आगे बढे।

आज फिर किशन का थोड़ी थोड़ी दूर पर रुकने का रवैया बहुत बुरा लगा। किसी भी होटल पर देर तक रुक जाता था जैसे लगातार चलने से परहेज़ हो। मैं जब भी लगातार चलने के मूड में आता वह रुक जाता। हमारे में कुछ झड़प भी हुई। कुछ और बातें भी मैंने उसे समझाई, जो उसने मानी भी।

धीरे धीरे धूप चढ आई, पर बादलों के कारण कुछ कुछ शांति मिलती रही। जयपुर से एक स्टेशन पहले हम काफी देर रुके। दूध वगैरा पिया, ग्लूकोज के साथ साथ नाश्ता भी किया। कुछ कॉलेज के लडको से मुलाक़ात भी हुई।

यहाँ से आगे रास्ता अच्छा मिला। साईकिलें तेज भाग रही थी। जयपुर को नज़दीक देखकर मेरे मन में साहस व आनंद छा गया। साइकिले चलने में बड़ी आरामदायक लग रही थी इसकी भी खुशी थी। आभास हुआ कि साईकिलें अच्छी साबित होंगी।

जयपुर शहर की सीमा आई ही थी कि बारिश प्रारंभ हो गयी, पहले धीमे धीमे बूँदे गिरी तब तक हम चलते रहे पर जब बारिश कुछ तेज हुई तो हम एक छोटी सी चाय की होटल पर रुके। वहां एक गूंगे साधु से भेंट हुई। उसने हमारे विषय में सुनकर प्रसन्नता जाहिर की फिर कागज़ पर लिखकर समझाया कि यदि आगे का पहिया थोडा छोटा रखते तो साईकिलें बहुत तेज चलती।

बारिश के कारण हमें बरसाती निकालनी पड़ी। बरसाती सिर्फ मैं ही लेकर आया था अतः उसे होटल के बाहर खड़ी साईकिलों पर डाला व खुद होटल के अंदर खड़े रहे। कुछ देर बाद बारिश के रुकने पर हम महाराजा कॉलेज की ओर चले। किशन आगे आगे। कॉलेज में प्राचार्य जी नहीं मिले। हम फिजिकल इंस्ट्रक्टर से मिले जिसने प्रमाण पत्रों को जांच कर हमें हॉस्टल में एक बड़ा सा रूम आवंटित कर दिया। रूम को एक चपरासी ने आकर सजा दिया व पलंग वगैरा लगा दिए। हमें अपना ये स्वागत अच्छा लगा। फिर हम स्नान वगैरा में लग गए।

थोड़ी ही देर में जिन जिन छात्रों ने हमारा आना देखा था एक एक कर आते रहे व हमारे विषय में जानकारी प्राप्त कर परिचय देते रहे। सब बहुत अच्छा लग रहा था। एक छात्र ने हममे विशेष रूचि लेकर अपने कमरे में ही नाश्ते के लिए बुलाया, जहाँ अपने अन्य मित्रों से भी मुलाकात करवायी।

उनके साथ ग्रुप फोटो खिंचवा कर हम सचिवालय के लिए निकल गए। वहां साईकिल स्टैंड वाले ने किराया लेने से इसलिए मना कर दिया कि हम साईकिल टूरिस्ट थे। वहीं हमें आबू के श्री केदार गोयल मिले जो कि बालोतरा में इ.ओ. हैं, उनसे मिलकर हम खेल मंत्री से

मिलने गए पर वे आज जयपुर से बाहर थे। सचिवालय में सभी हमसे प्रेमपूर्वक मिले। वहीं हमने हड़ताल के नारे भी सुने व हड़तालियों को गिरफ्तार कर ट्रक में भरकर जेल ले जाते भी देखा। लगा कि कितने लोगों का इसमें समय व्यर्थ होता है। इसकी उपलब्धियां कितनी होती हैं ? क्या होती भी हैं ?

हम टूरिस्ट ऑफिस गए। डायरेक्टर साहब बाहर गए थे। उप निदेशक ने हमारी प्रशंसा की व एक प्रमाण पत्र, कुछ रास्ते के नक़्शे आदि दिए।

सुबह मेरे स्नान के पश्चात् व किशन नहाये उस दरम्यान मैं अपनी जीजी (बड़ी बहन) के यहाँ मिलने चला गया था व शाम का खाना वहीं तय हुआ था। अतः टूरिस्ट ऑफिस से हम सीधे उन्ही के घर चले गए। खाना तैयार होने में देर थी तो किशन की जांच करवाने डाक्टर के यहाँ गए।

डाक्टर के वहां नहीं मिलने पर हम मेडिकल कॉलेज के होस्टल गए वहां महेश जोशी नाम के एक डाक्टर से मिले जो कि अब आगे पढ़ाई कर रहा था। उसने हमारे उद्देश्य में बड़ी रूचि ली व प्रशंसा की। यहीं ज्ञात हुआ कि किशन को पेट में कुछ तकलीफ है। डाक्टर हमें जबरन एक होटल पर चाय नाश्ते के लिए ले गया। हमने दूध व उसने चाय पी। मेरी बातों से डाक्टर कुछ प्रभावित होकर बोला " यार, तुम बड़े दिलचस्प व खुशमिजाज हों"। थी न अजीब बात। सुबह से बड़ा गंभीर था व मन में तरह तरह के प्रश्न उठ रहे थे जो किशन को भी मैं बता चुका था। भारत की तरक्की के लिए मेरे विचार, मेरी यात्रा के उद्देश्य से वह प्रभावित था। देश के प्रति प्रेम व भगत सिंह के गुणगान हम दोनों के ही मन में थे।

मेरा सबसे अच्छा विचार विमर्श महाराजा कॉलेज के एक विद्यार्थी से हुआ था जो कुछ अच्छे कार्य करने के लिए अनुचित मार्ग पर भी चलने को तैयार था व अपने परेशान व गरीब विद्यार्थी की मदद के लिए इलेक्शन लड़कर उन पैसों की बर्बादी रोकना चाहता था जो कि वर्तमान कॉलेज -प्रेसिडेंट हड़ताल पर नष्ट कर रहा था।

डाक्टर से विदा लेकर हम फिर घर खाना खाने गए। जीजी का मेरे प्रति हमेशा बहुत प्रेम रहा है। बिल्डिंग के हर व्यक्ति से मेरी यात्रा का जिक्र कर खुश होती रही।

खाना खाकर होस्टल आये तो और स्टुडेंट्स भी मिलने आते रहे। अब मुझे थकान लगी, पर मैं डायरी लिखने बैठ गया जबकि किशन सब आने वालों से बातें कर रहा है। मैंने अभी अभी सोने से पहले थोड़ी सी रम ली है व अब सोऊंगा।

8

12 सितम्बर 1970
कोटपुतली -

सुबह गुडगाँव में डायरी नहीं लिख पाया। 12 को हमें उठने में देर हो गयी थी सुबह 6 बजे किशन ने उठाया। जल्दी जल्दी तैयार होकर सब साथियों से विदा ली, जीजी के घर पहुंचे व बड़ों को प्रणाम किया। कुछ देर बैठ कर बातें की। जीजी ने साहस बढ़ाया। नाश्ते के लिए थोड़ी मिठाई भी साथ में बांध दी। आज भी सफर के लिए उन्होंने एक पेंट सिलवा कर दी, मुझे जरूरत के लिए सौ रुपये भी दिए। उनका मकान चौथी मंजिल पर था लेकिन सभी विदा करने नीचे तक आये। आखिर 7 बजे यात्रा पर आगे बढे। आज हम हमारा कुछ सामान भी जयपुर छोड़कर हलके हो गए थे। हमने खजाने वालों का पत्थरों का रास्ता पार किया तब अचानक ही मेरी नज़र पीछे के केरिअर पर पड़ी तो मैं अवाक् रह गया। मेरी एक स्पंज की सीट व एक पेंट गायब थी। शायद कहीं गिर गयी होगी। हम एक बार फिर पीछे लौटे पर वह 5 मिनट के अंदर लौटने पर भी नहीं मिली। मन आशंकाओं से उदास हो गया पर फिर कुछ सोचकर आनंद से भर गया। हम दोनों अब प्रसन्नता पूर्वक आगे बढे। किशन भी जीजी के प्रेम से बहुत ही प्रफुल्लित था।

अब हमारी साईकिलों पर कुल पांच बैग थे तीन शर्मा के साथ व दो मेरे साथ। आज सारा सामान पुनः व्यवस्थित किया था। एक बैग में सर्दी के कपडे थे, एक में सूती। एक में साईकिल का सामान भरा था। एक एक बैग दोनों के साईकिल के हैंडल के सामने लटक रहे थे जिनके ऊपर हमारी यात्रा का विवरण लिखा था व जिनमे प्रतिदिन की जरूरत की वस्तुएँ थी।

जयपुर शहर छोड़ने में ज्यादा समय नहीं लगा। कुछ ही देर में आमेर की घाटियाँ प्रारंभ हो गयी व उतार चढाव आ गए। घाटी में मैंने बिगुल बजाकर व किशन ने माउथोर्गन बजाकर व फोटो खींचकर खुशी व उत्साह का प्रदर्शन किया। पहाड़ों के दृश्य बड़े ही मनोरम लग रहे थे, रास्ते में जलमहल भी आकर्षक लगा। आमेर में हमने एक दूसरे के फोटो लिए। वहीं एक ग्वाले को पैसे देकर हमने आधा आधा किलो ताज़ा दूध पिया।

आगे तीन चार मील चलकर किशन एक छोटी होटल पर फिर रुका, मैं परेशां पर चुप रहा। वहीं एक भिखारी की सारंगी बजाते हुए फोटो खींची। उसने कहा कि बाबूजी फोटो खींचने से क्या होगा हमें कुछ चाय पानी करा दो तो अच्छा है, मैंने तुरंत ही उसे चार आने दे दिए ,यद्यपि अब भिखारियों को पैसे देना मुझे पसंद नहीं है। उसकी दुआएं लेकर आगे बढे। अब बस चुप चुप साईकिल चलाते, सोचते सोचते व कहीं कहीं रुकते रुकते आगे बढते रहे। रास्ते में अचरोल गांव में एक इलेक्ट्रिक ठेकेदार ने खाना नहीं खाने पर जबरन नाश्ता मावा सेव चाय आदि करवाया व हमारे साहस की भूरि भूरि प्रशंसा की।

अब चढती धूप मुझे परेशान कर रही थी अतः गर्दन झुकाए झुकाए साईकिल के पैडल चलाते रहते थे। जहाँ कहीं प्यास लगती उतर कर पानी पीते, पांच सात मिनट बैठते व फिर आगे बढते।

लगभग 12 बजे हम शाहजहाँपुर पहुंचे। एक होटल(ढाबे) वाले ने साईकिल अंदर खड़ी करने की अनुमति दे दी। वहीं हम जीजी द्वारा दिया खाना खाकर अंदर ही दरी बिछाकर सो गए। थोड़ी थोड़ी नींद लगी। 3 बजे किशन ने उठाया तो लगा कि मेरा अंग अंग टूट रहा है। सुस्ती चढ़ी हुई थी। धूप में साईकिल चलाकर सो लेना इसका स्पष्ट कारण था। किशन धूप ढलने तक और आराम करने की मेरी प्रार्थना टाल गया। अतः हम 3.30 पर आगे के लिए निकल पड़े।

शुरू में साईकिल बहुत धीरे धीरे ही चला पाए। फिर किशन का बार बार रुकना बहुत बुरा लगा। मैं चाहता था कुछ देर तो लगातार एक ही गति से चलकर रास्ता जल्दी काट लिया जावे। खैर हम आगे बढते हुए मील के पत्थर एक एक कर पार करते जा रहे थे, सूर्य नीचे उतर रहा था। ना जाने कितने ही गांव पार किये व धूप कम होते होते गति पकड़ ली। लगभग 7 बजे हम कोटपुतली पहुंचे। यहाँ कॉलेज हाईवे पर ही था, कुछ लड़के खेलकर आते हुए मिले। हमने रुककर उनसे बात की। हमें देखकर वे प्रसन्न हुए। इनमे एक गोकुल यादव हमें हॉस्टल ले गया वहां कुछ देर बैठे तो थकान कम हुई। इस यात्रा के अंत में किसन जिस तरह लगातार अच्छी गति से चला, आगे भी वैसे ही चले तो हमें आसानी होगी, मैं यही सोचता रहा।

वार्डन की अनुपस्थिति में यादव ने अपने रूम में ही निमंत्रण दिया। उसके रूम में छात्र आ आकर हमसे मिलते रहे। वार्डन साहब भी बाद में आये व हमसे बड़े प्रेम पूर्वक मिले व सभी छात्रों को हमें हर सुविधा देने का आग्रह किया। हमें भी यहाँ रात ही तो काटनी थी। स्नान वगैरा कर हमने खाना खाया। रात हो चुकी थी। यहाँ का होस्टल एक बड़े से मकान जैसा ही है। मेस भी गांवों के तरीके सा ही है। एक ही थाली में चार पांच लड़के बैठ जाते हैं। फर्नीचर भी जैसा तैसा ही है। कोई कुर्सी पर तो कोई टेबल पर ही बैठ कर खाना खा लेता है। नोकर के नाम पर सिर्फ खाना बनाने वाला है, चपाती वगैरा सब खुद ही उठकर ले आते है। बिलकुल घर जैसा ही है। पूछने पर पता चला कि प्रत्येक महीने लगभग 40 रु. का खर्च आता है जिसमे दोनों समय एक ही सब्जी व चपाती मिलती है। पानी का भी अच्छा प्रबंध नहीं है। इसी तरह की हमने अन्य जानकारियाँ भी ली।

खाने के बाद यादव गांव घुमाने ले गया। रात होने से सभी दुकाने बंद हों चुकी थी एक जगह दूध पिया जो कि काफी स्वादिष्ट था। रात को मैं बाहर मैदान में सोया था पर रात को बारिश आने पर अंदर जाना पड़ा।

9

13 सितम्बर 1970 -

सुबह देरी से उठे। यादव ने ही उठाया। झटपट तैयार होकर यादव के आग्रह पर शहर में एक होटल पर चाय नाश्ता करने गए व वहां से उपस्थित कुछ छात्रों से गले मिलकर व गलतियों के लिए क्षमा मांगकर विदा ली। सूर्य देवता ने अबतक अपनी किरणों को नए सन्देश के साथ हमें भेज दी थी। हम वहां से करीब 8 बजे सुबह चले उस समय चहल पहल भी प्रारंभ हो गयी थी। आज रविवार था। आज हमारा लक्ष्य निश्चित नहीं था पर ये निश्चित था कि कमसे कम गुड़गाँव तो पहुंचेंगे ही। मैं किशन की सहमति के विरुद्ध दिल्ली पहुँचना चाहता था मुझे लग रहा था कि किशन को थकान जल्द आ जाती है जबकि वह ग्लूकोज व टोनिक आदि भी ज्यादा मात्रा में ले रहा था। पर आज वह प्रारंभ से ही अच्छी दूरी तय कर रहा था। कमसे कम 10 मील तो लगातार चल ही लेता था। बीच में आराम भी कम ही किया। धूप अवश्य चढ चुकी थी

हम दोनों साथ साथ चलते हुए जब शाहपुरा पहुँचने वाले थे तभी एक मोटर साईकिल पर दो स्वामीजी आ मिले व हमारे साथ चलने लगे। हमने उन्हें नमस्कार किया व बातें प्रारंभ हो गयी। इस समय दोपहर के 12 बजे थे। यात्रा से मुतल्लिक बातें करते हुए हमने उनसे खाने के प्रबंध के बारे में पूछा तो उन्होंने बताया कि अब इधर कोई प्रबंध नहीं हो पायेगा क्योंकि कोई होटल नहीं है। हम साथ साथ चलते रहे। वे बोले कि आगे चलकर मैं कुछ खाने का प्रबंध कर सकूंगा। हरियाणा राज्य की सीमा आ गयी थी जहाँ एक गेट बनाया गया था। मैंने साईकिल से उतर कर उन सभी का हरियाणा में प्रवेश करते फोटो लिया। उन लोगों की गति बहुत बढ़ गयी थी व किशन उनकी मोटर साईकिल से होड करता तेज चल रहा था। कुछ ही देर में वे आंखों से ओझल हो गए। मैंने भी साईकिल उठाई व तेजी से उनका पीछा करने लगा। लगातार तेज साईकिल चलाते हुए लगभग 30 कि मी का सफर कर हम 1.30 बजे रेवाड़ी के समीप दोराहे पर पहुंचे। एक रास्ता रेवाड़ी को व दूसरा सीधा दिल्ली को। इसी क्रोसींग पर मुझे स्वामीजी व किशन बैठे हुए मिले। दूसरे स्वामीजी खुद मोटर साईकिल पर खाना लेने चले गए थे। हम आधा कि.मी. चलकर पास वाले गांव में पानी पीने गए। वहां

औरतें कुँए से पानी खींच रही थी। मैंने उनका फोटो लिया व उन्होंने हमें पानी पिलाया। वापस लौट रहे थे कि तभी स्वामीजी रेवाड़ी से दूध, केले, व मावा वगैरा लेकर आ गए। एक पुराने से स्मारक पर पेड़ की घनी छाँव के नीचे बैठकर हमने नाश्ता किया व काफी देर बैठकर बातें की। स्वामीजी को अपने विचार बताकर मुझे बहुत प्रसन्नता हुई। उन्हें बताया कि हम भारतीय स्वभाव में कुछ परिवर्तन चाहते हैं। अब विद्यार्थियों को अपने सोचने के तरीकों में सुधार करना चाहिए। उनका मस्तिष्क विस्तृत हो, वह प्रत्येक बात को बड़े पैमाने पर सोचें हम यही सन्देश लेकर निकले हैं। हम हर होस्टल में व मिलने वाले व्यक्ति को यही बातें समझाते हैं। हमने अपने उद्देश्यों को उनके समक्ष स्पष्ट किया:-

1. सभी विद्यार्थियों के रहन सहन व व्यवहार में परिवर्तन हों व भारतीय संस्कृति के संस्कार उभरें। उनके कार्य भारत की तरक्की के निहित हों।

2. हमें इस यात्रा में अधिक से अधिक लोगो से मिलने का, उन्हें अपने विचार बताने का व उनके विचारों का अध्ययन करने का मौका मिलेगा। हमें इन राज्यों के अलग अलग स्थान के गांव वासियों का तुलनात्मक अध्ययन करने को मिलेगा।

3. भारत की स्थिति अधिक विस्तृत रूप से जान सकेंगे व सबमे असंतोष के कारणों पर प्रकाश पडेगा।

4. पंजाब राज्य व कश्मीर भारत के मुख्य राज्य हैं, उनके विषय में ज्यादा जानने का अवसर मिलेगा।

5. औद्योगिक क्षेत्र का अध्ययन भी जीवन में बहुत महत्व रखता है।

6. कश्मीर जैसे सुन्दर राज्य व धरती के स्वर्ग को देखने का सौभाग्य इसी उम्र में व कई अनुभवों के साथ जब देखने को मिलेगा तो हम अपने जीवन के उद्देश्य को कुछ निश्चित कर सकेंगे। फिर कश्मीर देखने की लालसा किसे न होगी?

इन सब के लिए साईकिल यात्रा एक अच्छा प्रोग्राम है। अधिक से अधिक लोगों से मिलने का हमारे लिए और क्या अच्छा उपाय है। मेरे दिल में तो ये सब शुरू से ही था, अब किशन के मन में भी मैंने ये ही भाव जाग्रत कर दिए हैं। अब हम स्वयं और भी अधिक विस्तृत मस्तिष्क के बन जायेंगे कितनी खुशी है अब अपने मन की इच्छा को सबके सामने व्यक्त करने का अवसर पाकर। ऐसे कार्य में किस बात की थकान।

जो ये पूछते हैं कि 'थक जाते होगे' तो उसका उतर इसके अतिरिक्त क्या दे सकते हैं।

स्वामीजी से बिछुड कर हमने आगे मंजिल की ओर कदम बढ़ाये। सीधा रोड था। किशन साईकिल यात्रा के लिए कितना काबिल है यह बात अब पता चली। उसने लंबी लंबी दूरी तक रुकने का नाम ही नहीं लिया व तेज साईकिल चलाता रहा। मुझे और क्या चाहिए था मैं भी उसके साथ। कभी कभी रोड उबड खाबड़ तो कभी मुलायम।

इस दौड में जब हम धारूहेड़ा के पास पहुंचे तो बारिश प्रारंभ हो गयी थी। जैसे तैसे पेट्रोल पम्प पहुँच कर कुछ देर शरण ली। बारिश रुकने पर बस स्टैंड जाकर चाय वगैरा पी। वहीं एक पांचवी कक्षा के होशियार बच्चे से मुलाकात हुई जो अजमेर आकर पढ़ने की सोच रहा था।

उसके हमें अपने घर ले चलने का आग्रह मानना अभी हमारे लिए संभव नहीं था।

धारूहेड़ा से गुड़गाँव लगभग 40 कि.मी. है। हमने लगातार चलकर जब गुड़गाँव प्रवेश किया तो अँधेरा छा गया था। हमने आज 80 मील का सफर तय किया था जो कि खुशी की बात थी।

रात रहने के लिए पहले डी.एस.डी. कॉलेज गए। काफी चक्कर लगाने पर मालूम हुआ, वहां कोई होस्टल नहीं है। काफी पूछताछ पर पता चला कि होस्टल शहर के किनारे पर बना है। अतः पहले हमने एक रेस्टोरेंट पर रूककर चाय नाश्ता किया। फिर होस्टल ढूँढने निकले। किशन बिना पूरी पूछताछ के साईकिल आगे आगे दौड़ाता रहा अतः काफी भटके व मुझे उसे समझाना पड़ा। आखिर बिलकुल उजाड़ में कच्चे व टूटे रास्ते पर चलने के बाद होस्टल मिला जहाँ बहुत सारे लड़कों ने हमारा स्वागत किया। लेकिन वे वार्डन कि अनुपस्थिति में रूम पर ठहराने में असमर्थ थे। तथापि उन्होंने हमें अपने साथ खाना खाने का जोर डाला जिसे हमने सहर्ष स्वीकार कर लिया। किशन निवृत होने गया तब तक मुझे बहुत सारे लड़कों ने घेर लिया व मैं उन्ही यात्रा का उद्देश्य व अपना सन्देश उन्हें समझाता रहा। कुछ लड़के मेरी बातों में बड़ी दिलचस्पी लेने लगे। पहले हम इंग्लिश में बातें कर रहे थे पर फिर मैंने मातृभाषा में ही बात करना उचित समझा।

खाना खाने के बाद एक साथी हमें हरिपरन सिंह तंवर के रूम पर लेकर गया व वहीँ हमें ठहराया। थके होने के कारण हम शीघ्र ही सो भी गए।

10

14 सितम्बर 1970-

आज सुबह आराम से उठे। हरी के साथ चाय नाश्ता किया व विदा ली। हम प्राचार्य से मिलने कॉलेज गए पर काफी देर तक इंतज़ार के बाद भी उनसे मुलाकात नहीं हुई। तभी एक इंग्लिश की प्राध्यापिका ने हमसे ढेर सी बाते प्रेमपूर्वक की। हमने फिर होस्टल के लड़कों के अच्छे व्यवहार के लिए एक धन्यवाद पत्र लिखकर प्राचार्य की ऑफिस में रखा व 11 बजे दिल्ली के लिए रवाना हों गए।

धूप बहुत तेज थी, मैंने बनियान भी मोटी वाली पहन रखी थी जिससे बदन कसा हुआ था पसीने के कारण भी हालत खराब हो रही थी फिर चढाई भी आ गयी अतः हम एक होटल पर रुके। मैंने जाली वाली बनियान बदली किशन ने चारपाई पर लेटकर आराम किया व फिर चले तो सीधे कुतुब मीनार पहुँच गए। यह जगह बहुत अच्छी लगी। हमने ठंडा पेय लिया व दिल्ली में कहाँ ठहरना है इस पर विचार किया। किशन ने अपने मित्र जिसके पिता एम. पी. थे के घर चलने का प्रस्ताव रखा। हम उनके घर को ढूँढने में काफी दौड़े व नियत पते पर पहुंचे तो पता चला कि उन्होंने मकान बदल लिया है। मेरी जीत हुई, मैंने उसे होस्टल में अथवा मेरी बहिन आशा के घर ठहरने का विचार रखा था। अतः अंत में आशा के घर ही जाने को चल पड़े। काफी साईकिल चलाने के बाद भी हम गंतव्य तक नहीं पहुंचे व थक गए। 3 भी बज गए थे अतः एक होटल पर रुक कर नाश्ता किया तब आगे बढे। मन में डर था कि घर मिलेगा भी या नहीं, आशा मिलेगी भी या नहीं ? आशा ने पहले कभी कहा था कि जब भी दिल्ली आओ, मेरे यहीं रुकना, उसके पति से मैंने वादा भी किया था अतः उसके घर पहुँचने की मुझे बड़ी खुशी थी।

और जब मैं आशा के घर में घुसा और उसने स्वागत किया तो लगा ज़न्नत मिल गयी। वह मुझे देखते ही गले से लिपट गयी। मेरी यात्रा का जानकर वह बहुत खुश हुई। उसके मन में उत्सुकता भर गयी। जब मैंने कहा कि मेरे साथ मेरा एक मित्र भी बाहर है तो वह झट बाहर गयी व किशन का हाथ पकड़ कर अंदर ले आई। आशा ने यात्रा में बहुत ज्यादा रूचि दर्शायी।

हम अपनी साईकिलें अंदर लाये, सब सामान उतारा तो वह हमारे बीच बैठ गयी व सब सामान खोल खोल कर एक एक चीज देखती रही। किशन से भी उसका व्यवहार सगे भाई जैसा रहा। मैं अपने पर गर्व सा महसूस करने लगा। सारी थकान मिट गयी, सोचने लगा कि ईश्वर ने कितना प्रेम बिखेर रखा है। जहाँ जाता हूँ प्रेम मिल जाता है।सोचता हूँ मुझसे कभी ऐसी कोई गलती ना हो जाए कि इन सबका प्रेम खो दूं। इन सबका प्रेम देखकर मन में एक उत्साह सा भर जाता है।

आशा के प्रेम का वर्णन कहाँ तक करूँ वह सिर्फ मेरे लिए न होकर सबके लिए अपने पति ,अपने देवर, अपने सभी सम्बन्धियों के लिए है। सभी मिलने वालों के लिए है। किशन इस प्रेम को पाकर हक्का बक्का रह गया। उसे जयपुर में जीजी के यहाँ भी ऐसा ही प्रेम देखने को मिला था ।उसके ये शब्द " सुभाष तू कितना भाग्यवान है, तुझे बहनों से कितना प्यार मिला है। मुझे इस यात्रा में सबसे ज्यादा आनंद मिला है" सब समझा देते हैं।

आशा के साथ बैठकर चाय नाश्ता, फिर ढेर सारी बातें। आशा ने आज बताया कि मेरा रंग और ज्यादा काला हो गया है।

किशन ने कपडे धोने प्रारंभ किये व कुछ ही देर में स्वयं के व मेरे सभी कपडे धो दिए, हाथों हाथ दोनों साईकिलें भी चमका दी। मैंने उसमे एक नयी स्फूर्ति व परिवर्तन देखा।

हमने स्नान किया फिर मैं डायरी लिखने बैठ गया। शाम को जीजाजी भी, जो कि आल इंडिया रेडियो में इंजिनियर हैं, आ गए व गप्पे, हंसी मजाक का सबने आनंद लिया। मैंने मन ही मन आशा के लिए ईश्वर से प्रार्थना की कि इसे ऐसे ही हमेशा फली फूली रखे व इसके यहाँ बहार छाई रहे।

शाम को मैं व किशन कुछ देर घूमने निकले लेकिन कुछ दूर अम्बा सिनेमा तक जाकर पैदल ही वापस आ गए। अब थक गए है व और लिखना मुश्किल है।

ईश्वर सभी को प्रसन रखना व मेरा जीवन सार्थक बनाना।

11
15 सितम्बर 1970
दिल्ली-

सुबह उठकर तैयार हुए। किशन अपने मित्र से मिलने चला गया। मैंने भी कपडे प्रेस किये। फिर रमेश के घर चल दिया। दिल्ली में 5-10 कि मी चलना तो मामूली बात है। जी टी रोड व सब्जी मंडी काफी व्यस्त रहते हैं पर घंटे वाले हलवाई के नाम से मैं गंतव्य पर शीघ्र पहुँच गया।

दुकान पर पता चला कि रमेश (मेरा भांजा) तो दिल्ली से चला गया है व विजय (मेरी भांजी) अभी मंदिर गयी है। रमेश के न मिलने का मुझे दुःख हुआ कि वह कल शाम को ही गया है। कुछ देर बाद विजय से घर पर मिला व चाय नाश्ता कर रमेश के बारे में बात की, जो कि नाराज़ होकर व कॉलेज छोड़कर यहाँ से गया है। इस बात पर दुःख भी हुआ।

मैं पुनः आशा के घर लौटते समय एक साईकिल वाले से मिला जिससे देश की परिस्थितियों पर बातें हुई। वह मुझसे प्रभावित हुआ तो मैं भी अपनी बातें कहकर खुश हुआ।

आशा के घर हमने साथ बैठकर खाना खाया व फिर आराम किया। शाम को बाज़ार व कनाट पेलेस साईकिल पर घूमने गए जहाँ कॉफी हाउस में नाश्ता किया। इधर उधर घूमकर रात घर पहुंचे व खाना खाकर सो गए।

यहाँ आशा ने हेम के विषय में काफी बातें की।

12

16 सितम्बर 1970, सोनीपत

सुबह 3.30 पर आँख खुली तो सभी को जगाया। आशा को एअरपोर्ट जाना था अपनी बहन को लन्दन के लिए विदा करने जबकि हमें यात्रा पर। कुछ ही देर में सब अपने अपने गंतव्य पर निकल गए। सुबह का समय अभी अँधेरा ही छाया हुआ था, रास्ता तो बिलकुल सीधा था। कुछ दूर जाकर होटल पर किशन दूध के लिए, जो कि उसकी पसंद है व मैं चाय जो कि मुझे प्रिय है के लिए रुके। आज हमने सोनीपत तक, जो कि मात्र 12 मील दूर था जाने का तय किया था अतः हम आराम से चल रहे थे। दिल्ली से 5.30 पर निकल कर रुकते हुए चल रहे थे। सोनीपत जी टी रोड से 3 कि मी साईड में स्थित है हमने उसका ही रास्ता पकड़ा।

रास्ते में थोड़ी ही देर बाद 'हिंदुस्तान डोविंत टूल्स ली.' का बोर्ड दिखा अतः हमने यात्रा की पहली औद्योगिक ईकाई देखने की योजना बनाई। मैं अंदर जाकर लेबर ऑफिसर से मिला। उसने यह कहकर टालना चाहा कि अभी मालिक नहीं है। तबतक किशन भी अंदर आ गया था। हमारे समझाने पर अंततः वह खुद हमें मील दिखाने ले गया।

वहां बड़ी बड़ी मशीने थी जिनमे लोहा गलाने से लेकर टूल्स बनाने व पेकिंग होने तक का सारा सिस्टम हमें समझाया गया। हमने वहां के कारीगरों से भी बातें की। इस उद्योग के बारे में बताया कि प्रतिमाह लगभग रु.11 लाख का सामान तैयार होता है व 75% एक्सपोर्ट किया जाता है। और भी ऐसे ही जानकारी लेकर हम लेबर ऑफिसर से भी मिले व कारीगरों/श्रमिकों के दुःख दर्द आदि के बारे में जानकारी प्राप्त की। लेबर ऑफिसर ने फिर चाय वगैरा पिलाकर पहले तो हमारे उद्देश्य की प्रशंसा की फिर हमें फैक्टरी विजिट का एक प्रमाणपत्र पत्र दिया। लौटते हुए हमने गेटकीपर से भी प्रेमपूर्वक उसके हालचाल जाने। तब हम सोनीपत के लिए आगे बढे।

सोनीपत में प्रवेश करते ही हमें एक बोर्ड पर लिखा मिला 'इंडियन इंस्टिट्यूट ऑफ सर्जिकल इंस्ट्रूमेंटेशन टेक्नोलोजी' हम वहां उतरे व बोर्ड पढ़ने लगे। हमने इसे भी देखने का विचार किया कि तभी सामने की एक छोटी सी दुकान से एक लड़का आया। उसके हाथ में

किताब से स्पष्ट था कि वह भी कोई विद्यार्थी है। उसने हमसे परिचय लिया फिर हमें अंदर ले गया। सामने ही हॉस्टल जैसा था। हम उस ओर बढे तभी 5-6 लड़के बाहर आये, काफी चुस्त नज़र आ रहे थे। दूर से ही उन्होंने हमारे साईकिल के बोर्ड पर 'साईकिल टूरिस्ट' लिखा देखकर हाथ फैलाये हुए बोले "आईये, आईये स्वागत है, हम तुम्हारा ही इंतज़ार कर रहे थे।" हमसे हाथ मिलाया व हमसे हमारी साईकिल लेकर स्वयं चल पड़े। हमने अपना परिचय दिया तो उनमे से एक बोला –"अरे ये तो शांति से बैठकर करने की बातें हैं "

वे हमें रूम में ले गए रूम काफी बड़ा था व दो चारपाई लगी थी। अब आपस में एक दूसरे के विषय में जानकारी प्रारंभ हुई। ये रूम वीरेंद्र एन नंदा व उसके एक साथी का था कॉलेज एक डिप्लोमा कोर्स के लिए था वीरेंद्र इस समय अंतिम वर्ष का छात्र था। उनका व्यवहार अत्यंत घरेलु था अतः हम शीघ्र ही खुल गए। धीरे धीरे 20-25 छात्रों से मुलाकात हों गयी। छुट्टियाँ होने से बाकी छात्र घर चले गए थे। अधिकतर छात्र कश्मीर राज्य के ही थे।। हॉस्टल बिलकुल अपना बन गया। हमारे स्नान वगैरा से निवृत होने पर वे हमें चाय नाश्ते के लिए आधा कि.मी. दूर एक होटल पर ले गए। वीरेंदर हमें हॉस्टल की दिनचर्या व उसके एश की बातें बताने लगा। हमने नाश्ते में ओम्लेट, ब्रेड , दूध, व फिर चाय सभी का लुत्फ़ उठाया। वहीं हरीश नाम के एक विद्यार्थी से परिचय हुआ। सभी हमसे मिलकर बहुत खुश थे। वीरेंदर को कहीं बाहर जाना था अतः हरीश पर हमारे मनोरंजन की जिम्मेदारी डाल दी गयी। हमारा सोनीपत रुकने का मुख्य कारण एटलस साईकिल की इंडस्ट्री देखना था जो हमने हरीश को बताया। जब हम वहां पहुंचे तो हमें बताया गया कि देखने की स्वीकृति दिल्ली से लानी होगी। हमें बहुत निराशा हुई। हम पूरा शहर देख आये जो कि छोटा व शांत है।

हरीश धीरे धीरे खुला तो पता चला कि उसने एक लड़की के प्रेम में बहुत कुछ गवां दिया है व जिंदगी इधर उधर भटक रही है। मैंने अपनी समझ से उसे कुछ सलाह दी पता नहीं उसे गंवारा हुई या नहीं पर उसने मुझे एक पथ प्रदर्शक के रूप में देखा। वहीं रास्ते में एक होटल में ठंडा पीकर हम हॉस्टल आये जहाँ वीरेंदर वगैरा अभी नहीं आये थे। हम मैदान पर पड़ी चारपाई पर बैठ गए किशन तो कुछ ही देर में सो गया जबकि मैं व हरीश बातें करते रहे। हल्की हल्की ठंडी हवाएं चल रही थी अतः शीघ्र थकान ने आ घेरा व मैं भी नींद के आगोश में जा पड़ा।

जब कुछ चेतना आई तो रूम से आवाजें आ रही थी व वीरेंदर किशन से कष्ट के लिए माफ़ी मांग रहा था। मैं उठकर रूम में गया धूप बहुत तेज थी। अतः वहीं बैठे बैठे हंसी मजाक करते रहे। व सारा माहौल आम हॉस्टल जैसा ही रहा। किशन उनसे इतना ज्यादा घुलमिल गया था जैसे लंबे समय से साथ रहे हों। थोड़ी ही देर बाद वे 'तू- तू' के संबोधन पर आ गए। कोई भी गंभीर विषय पर बात नहीं हो पाई ये मुझे बुरा लगा। इस तरह से मित्र बन जाने से गंभीरता दूर हों जाती है। जिस तरह की बातों में वे लोग रूचि ले रहे थे वह मेरे स्वाभाव के विरुद्ध थी अतः मैं गंभीर या उदास ही बना रहा।

शाम होते ही हम चारों चाय पीने होटल गए व आकर सब के साथ लॉन में ग्रुप फोटो लिए। शाम को स्नान आदि कर खाना खाने होटल गए खाने में आनंद आया। किशन वगैरा ने फिल्म का प्लान बनाया पर मेरे इनकार करने से वे भी रुक गए। लौटते हुए एक मंदिर जो कि एटलस साईकिल वालों ने बनवाया था देखने गए मंदिर काफी अच्छा व स्वच्छ था संगमरमर की राम-सीता ,लक्ष्मण व हनुमान की मूर्तियां स्थापित थी। लॉन भी अच्छा था वहां और भी कॉलेज के लड़कों से मुलाकात हुई। सभी ने वहीं बैठकर गाने आदि गाये व हमारा मनोरंजन करने की कोशिश की। चाँद भी आज पूरी तेजी से चमक रहा था। मैं चांदनी रात में उस हरी भरी घास में लेटा लेटा मदहोश सा हों गया। किसी की भीनी भीनी याद आने लगी। कहाँ वह और कहाँ मैं। दोनों कहाँ के कहाँ पहुँच गए है। सोचता रहा कि यही हाल रहे तो उस धरती के स्वर्ग कश्मीर में मेरा क्या हाल हों जाएगा। काश......

कुछ देर बाद ही होस्टल आये यहाँ सभी बाहर मैदान में पास पास चारपाई बिछाकर सोते हैं पूरा मैदान भर जाता है।

इस समय भी मैं एक ओर गंभीर मुद्रा में बैठा हूँ सामने ही सभी चारपाइयों पर काफी जोरों से हंसी मजाक कर रहे हैं, शोर मचा रहे हैं, बड़ी मस्त जिंदगी। रात के 12 बज गए हैं इनकी महफ़िल में गाने चल रहे हैं गालियाँ भी, चुटकले भी तो शायरी भी व बिगुल बज रहा है और मैं एक ओर सोने की तैयारी कर रहा हूँ।

13

17 सितम्बर 1970 कुरुक्षेत्र

-

प्रातः शीघ्र न उठ पाए। 6 बजे उठे व आगे चलने की तैयारी में जुट गए। वीरेंदर वगैरा भी हमारे साथ जल्दी नाश्ते पर आ गए। होटल वाले ने हमें पुनः अपनी ओर से चाय पिलाई। सबसे गले वगैरा मिलकर व याद हेतु फोटो लेकर हंसी मजाक के साथ 8 बजे वहां से विदा ली।

आज हमने अम्बाला पहुँचने का लक्ष्य रखा जो कि यहाँ से 120 मील था हम साईकिल पर चढ़े व चलते चलते सीधे पानीपत पहुंचे। थोड़ी सी थकान महसूस हुई। यहीं खाने की इच्छा हुई पर होटल नज़र नहीं आया। तभी 'आर्य कॉलेज' नज़र आया हम वहीं उतर गए । किशन प्रिंसिपल से मिलने गया मैं बाहर ही खड़ा था कुछ ही देर में मेरे चारों ओर लड़कों की भीड़ लग गयी व वे आपस में कानाफूसी करने लगे। उनमे से किसी ने भी मुझे मिलने का साहस नहीं दिखाया। बड़े साधारण स्वाभाव के लड़के थे ये। कोई पजामा में तो कोई चप्पल में बात करने व ड्रेस का तरीका गाँव के लोगो जैसा। किशन ने आकर बताया कि प्रिंसिपल साहेब भी साधारण व्यक्ति हैं व कोई भी कभी भी उनके चैम्बर में बिना स्वीकृति के घुस जाता है। हमारे खाने का मेस में प्रबंध कर दिया गया था। कुछ विद्यार्थियों से मेस में मुलाकात हुई। खाना खाकर किशन ने गेस्ट रूम में आराम करना चाहा पर मैंने सुझाव दिया कि रास्ते में कहीं खुली जगह पर आराम करेंगे वह मान गया।

धूप बहुत तेज थी अतः आगे पेट्रोल पम्प के पास एक पेड की छायाँ में साईकिल खड़ी कर लेट गए। किशन आराम में था तब मैंने अपने मित्र संपत को पत्र लिखा।

कुछ देर आराम कर फिर चल दिए। रास्ता अच्छा था धूप तेज लग रही थी फिर भी गति बनाये रखी शाम तक करनाल पहुँच गए।

करनाल के बाज़ार में अभी हम कहीं कुछ आराम की सोच ही रहे थे कि हमारी मंशा समझ कर पीछे की दुकान से एक खाती हमारे पास आया व बोला कि 'आप आराम मेरे यहाँ कर ले'। हम चकित कि वह कैसे हमारे इरादे जान गया। उसने चाय का आर्डर भी साथ में दे दिया।

हमें लगा कि अम्बाला आज पहुँचना मुश्किल है अतः कुरुक्षेत्र इंजिनीयरिंग कॉलेज में ही जाकर रुकने का तय किया।

वहां उस खाती से व आसपास के दुकान वालों से मिलकर हम आगे बढे। किशन हमेशा की तरह आगे चला गया कि तभी मेरी साईकिल की चेन उतर गयी। मैंने उतर कर काफी प्रयास किये पर असफल रहा। कुछ ही देर में किशन लौट आया।। दोनों ने जैसे तैसे चेन चढाई। हाथ भी काले हों गए थे।

दोपहर में धूप परेशान करती रही पर शाम को ठंडक में फिर मज़ा आने लगा। लगातार चलते रहे धीरे धीरे अँधेरा घिर आया। देखते ही देखते गहन अँधेरा। रोड के दोनों ओर ऊँचे ऊँचे पेड थे अतः चांदनी का भी सहारा नहीं था। एक होटल पर रूककर हमने चाय पी व ग्लूकोज लिया। वहीँ वासुदेव नाम के एक लड़के से परिचय हुआ। वह बहुत खुश हुआ व उसके आग्रह पर फिर दूध पीना पड़ा। अब हमें शीघ्र कुरुक्षेत्र पहुँचना था।

तेज गति से चलते चलते फिर उतरना पड़ा, यहाँ मच्छर बार बार मुह से टकरा रहे थे कभी मुहँ में तो कभी आँख में। अतः हमने मुहँ पर रुमाल बाँधा व साईकिल तेज दौडाते चल पड़े। दोनों ओर ऊँचे ऊँचे पेड , घना जंगल, वीराना । कभी कभी ट्रक पास से अवश्य गुजर जाते थे। मन में तरह तरह के विचार लेकर हम दौड रहे थे व ऐसा लग रहा था कि पीपली दूर होता जा रहा है और हम उसे पकड़ने में जी जान से जूझ रहे थे।

आखिर पीपली पहुंचे। कुरुक्षेत्र यहाँ से 3 मील और दूर था और कॉलेज तो पांच मील। रात को किससे पूछताछ करें, तभी एक तांगा वाला मिला जिसने और 2 मील जाने को कहा, आगे जाकर बहुत से लोग मिले पर आगे बढ़ने के बाद भी सभी दूरी 2 मील ही बताते रहे। बड़ी झुंझलाहट हुई।

कुछ आगे 3 लड़के मिले जो होस्टल ही जा रहे थे। उन्होंने हमें अपने साथ ही रहने का आग्रह किया व फिर से हमें पीछे लौटा कर एक होटल में खाना खिलाने ले गए। मालूम हुआ कि आज मेस बंद है अतः वे सभी वहीँ से खाना खाकर लौट रहे थे। किशन ने तो नहीं खाया अतः मैंने ही खाना खाया। वहां से आगे फिर एक रेस्टोरेंट में रुके जहाँ बहुत से होस्टल के लड़के मिले व परिचय हुआ। चाय व दूध का एक दौर और। इतने लोगों से मुलाकात होती है कि सबको याद रखना भी मुश्किल हो जाता है।

विशेष अगवानी करने वालों में राधेश्याम शर्मा ,उसके दो मित्र तथा गोपाल कक्कड आदि थे। ये लोग पिक्चर का प्रोग्राम बना रहे थे किशन भी तैयार हो गया पर मेरे मना करने पर सभी रुक गए। पिक्चर भी तो सिर्फ 'अनजान' व 'गंवार' थी।

आखिर साईकिल पर चलकर होस्टल पहुंचे जो कि काफी दूर था। यूनिवर्सिटी में घुसते ही वहां के प्रत्येक ब्लोक व विभाग की स्थिति व विशेषता बताई। वहां के विद्यार्थीयों के बारे में भी बताया। उन्होंने बताया कि केरल में विद्यार्थी राजनीति में बहुत आगे हैं जबकि यहाँ विशेष नहीं। यहाँ का माहौल शांत था। चाँद की चांदनी में पेड़ों की छाया व बड़े बड़े आलीशान भवन बड़े अच्छे लग रहे थे। महसूस हुआ कि यूनिवर्सिटी बहुत अच्छी बनी हुई है।

बातें करते हम सीधे होस्टल पहुंचे जो कि काफी बड़ा व सभी सुविधाओं से सुसज्जित लगा। हमने नीचे एक ओर साईकिल खड़ी की व सारा सामान उतारकर राधेश्याम के तीसरे मंजिल पर स्थित रूम पर गए। राधे ने रूम अच्छा सा सजा रखा था पंखे के कारण गर्मी पर विजय पाई जा सकी। हमने स्नान किया, बाद में और भी लोगों से परिचय हुए। राधे के टेबल पर आबू की नक्की की पेंटिंग लगी देख कर मन खुश हुआ व यादें जाग्रत हो गयी।

काफी देर तक बातें की, किशन ने यहाँ भी साधारण व्यक्तित्व का ही परिचय दिया अतः मैं गंभीर हो गया अब यह स्पष्ट हो गया था कि उसने सिर्फ साईकिल पर कश्मीर तक जाकर आना ही उद्देश्य बनाया है, जबकि मैं सभी लोगों से गंभीर बातें कर उन्हें समझने व अपनी बातें समझाने में ज्यादा जोर दे रहा हूँ। मैं कॉलेज का आम माहौल व अश्लीलता त्याग कर गंभीर विषयों पर बात करना चाहता था। किशन कक्कड़ के साथ चला गया व मैं राधे के साथ कॉलेज की जानकारियाँ लेता रहा व अपने बारे में बताता रहा। राधे ने सूद को बुलाकर ताश खेलने की सोची पर मेरा अनुरोध था कि हम खेलने की बजाय अधिक से अधिक बातें करें तो ज्यादा अच्छा रहेगा। उन्होंने मेरा अनुरोध स्वीकार कर लिया।

कुछ देर बाद सभी घूमने निकले। चाँद की मस्त चाँदनी ने मुझे भाव विभोर कर दिया दिन भर की थकान व धूप की परेशानी के बाद अब ताज़ा होकर ये चाँदनी व शीतल पवन मदहोश करने को पर्याप्त थे। मैं कुछ और सोचता इससे पहले ही दिलीप देसाई नाम का एक लड़का आया उसने एक साथ ढेर सारे प्रश्न पूछ डाले सारे प्रश्न इस यात्रा के विषय में व हमारे उद्देश्य के बारे में ही पूछे थे। खैर सभी से इंग्लिश में ही बातें हुईं तो अच्छा लगा यद्यपि इंग्लिश में कुछ हिचकिचाहट भी रही क्योंकि यहाँ सबकी इंग्लिश हमसे बहुत अच्छी थी। फिर भी मैं उन्हें संतोषपूर्वक उत्तर व जानकारी देता रहा। हम टहलते हुए चल रहे थे सारा आलम स्वच्छ व मदभरा लग रहा था। आगे कुछ ही दूरी पर एक नहर थी जिस पर लकड़ी का एक पुल था वहां कुछ अन्य लोगों से भी मुलाक़ात हुई।

14

18 सितम्बर 1970 चंडीगढ़

गयी रात चाँद की मधुर चांदनी में व पवन के हलके झोंको में बहुत ही प्यारी नींद आई, सुबह शीघ्र ही आँख भी खुल गयी थी पर सोने का लोभ संवरण न कर सका और सोता रहा।

करीबन 8 बजे बाहर दरवाजे पर दस्तक हुई, उठा। राधे का कोई मित्र बैग लेने आया था। हम भी स्नान वगैरा से निवृत हो मेस में नाश्ता करने चल दिए। किशन व कक्कड भी आ चुके थे। नाश्ते में बड़ा सारा नमकीन आलू परांठा, एक बड़ी चम्मच मक्खन व एक गिलास दूध मिला।

रूम में आकर बैठे ही थे कि किशन ने सामान पैक करने को कहा। मुझे आश्चर्य हुआ कि क्या हम अभी ही चले जायेंगे, कुरुक्षेत्र नहीं देखेंगे। पर यही सच निकाला। किशन ने यहाँ एक दो मंदिर से ज्यादा कुछ नहीं होने का कहकर मुझे शांत कर दिया व मैंने ज्यादा बहस करना भी उचित नहीं समझा।

सारा सामान पैक करने पर ज्ञात हुआ कि किशन का गोगल नहीं है। काफी ढूंढा पर नहीं मिला अंततः राधे ने अपना गोगल ये कहकर दिया कि तुम्हे जरूरी है मेरे किस काम का। किशन ने स्वीकार कर लिया जो मुझे अच्छा नहीं लगा, आगे चलकर मैं उस पर बहुत बिगड़ा।

आज गोपाल कक्कड अपने एक साथी के साथ हमारे साथ अम्बाला चलने को तैयार था और बस यही एक बात थी कि उसने कुरुक्षेत्र जल्दी छोड़ने का एलान किया था, बस हमारे विचार में यही अंतर पैदा होता है कि वह तर्क वितर्क किये बिना निर्णय ले लेता है।

धूप चढ चुकी थी जिसमे साईकिल चलाना मेरे लिए बड़ा कठिन होता है। सर दुःख रहा था बाज़ार में एक जगह मैंने चाय पी। फिर आगे बढे।

कुछ ही देर में रेलवे क्रोसिंग पर ट्रेन आने के कारण भीड़ लग गयी। कुछ देर रूककर फाटक उठी। मैं एक बस के पास ही खड़ा था। भीड़ के कारण में भी आगे बढ़ा। कुछ फुट चलकर बस अचानक मोड लेने लगी। पिछला पहिया सीधा मुझपर आ रहा था। गनीमत थी एक व्यक्ति जोर से चिल्लाया व गाड़ी के ब्रेक लग गए। ड्राईवर को मुझपर गुस्सा आया,

जबकि मुझे अपने आगे के दो सरदारों पर जिन्होंने मेरे आगे साईकिल फंसा कर मेरा चलना अवरुद्ध कर दिया था। खैर रास्ता साफ़ हो गया।

12 यहीं बज गए थे अतः हम तेज चलने लगे कि तभी याद आया कि मैं किशन की टोपी(कैप) साईकिल की दुकान पर भूल आया हूँ। गोपाल व उसका साथी फिर पीछे लपके व तेजी से कैप लेकर लौट आये तब हम आगे बढे। मैंने टूरिस्ट बनियान खोलकर जाली वाली बनियान पहिन ली थी ताकि गर्मी से निजात मिले।

गति तेज रखी। थोड़ी ही देर में हमने अपनी अपनी गति स्थिर कर ली। रास्ते में सिर्फ एक जगह पानी पीने रुके। फिर एक बड़े कसबे में कुछ देर रुके। किशन वगैरा जो हमसे पीछे थे कुछ देर में पहुंचे, हमने यहाँ चाय वगैरा पी। किशन तो ड्राईवरों से गपशप करने बैठ गया था। लगभग आधा घंटा रुक कर पुनः चारों साथ साथ आगे बढे। गर्मी के कारण मेरी हालत ठीक नहीं थी व मूड भी इसलिए खराब था। 2.30 बजे हम अम्बाला पहुंचे । यहीं एक होटल में पहले मैंने थोड़ी सी व्हिस्की पी फिर खाना खाया।आराम के लिए गोपाल का मित्र हमें अपनी बहन के घर ले गया जहाँ एक बड़े रूम में चारपाईयां लगा कर हम सो गए। हमें आज चंडीगढ़ पहुँचना था। पर हालत यहीं नरम हो गयी थी।

शाम को 5 बजे किशन ने उठाया तब लगा जैसे जल्दी उठा दिया है पर आगे तो चलना ही था। आखिर ताज़ा होकर चाय आदि लेकर हमने सबसे विदा ली व साईकिल थाम ली। साईकिल आज भारी लग रही थी। खैर हल्की धूप पाकर तेज सफर प्रारंभ कर दिया। रोड अच्छा था व दोनों ओर हरे भरे पेड थे/जंगल थे।

हम बढते जा रहे थे आकाश पर लालिमा छाई फिर अन्धकार बढ़ता गया। जब चंडीगढ़ से सात मील दूर थे तब बहुत तेज चलना शुरू कर दिया था। प्यास लगने पर एक पेट्रोल पम्प पर रुकना पड़ा। हम चलते चलते चने खा रहे थे सो प्यास लगना वाजिब था।

रात के 9 बजे हम चंडीगढ़ पहुंचे। एक ही नज़र में शहर खूबसूरत नज़र आया। सभी आधुनिक भवन हैं चौड़े रास्ते हैं व स्वच्छ रास्ते हैं। पूछताछ करते व भटकते हुए 9.30 पर हम होस्टल रूम न.1 पर पहुंचे। होस्टल वार्डन ने प्रमाण पत्र देखे बिना ही हमें रूम देना स्वीकार कर लिया। हमें अबतक हर जगह पंजाब की 'अतिथि देवो भवः' संस्कृति का परिचय मिलता रहा था। सभी जिंदादिल लोग थे व साहस की प्रशंसा करने वाले थे।

गेस्ट रूम छोटा सा कमरा था जिसमे पंखा भी लग रहा था होस्टल बहुत बड़ा था व बिलकुल आधुनिक। गेस्ट रूम में दो सोफे भी थे हमने वहीं अपना सामान उतारा, साईकिलें अंदर खड़ी की व ताज़ा हुए। थकान के कारण मुझे कुछ भी भूख नहीं थी, किशन को अवश्य महसूस हुई पर मेस बंद हो चुका था और बाज़ार यहाँ से दूर पड़ता था अतः उसने चने खाकर भूख मिटायी।

मैं बैठा बैठा यों ही इस जिंदगी के बंजारे पन के बारे में सोच रहा हूँ। बहुत गहरी नींद घेर रही है.......गुड नाईट ।

15

19 सितंबर 1970 चंडीगढ़-

जब सुबह आँख खुली तो अपने आप में कुछ थकान अब भी नज़र आयी। किशन मुझसे पहले उठ गया था, हम दैनिक कार्य से निवृत हुए। भवन बहुत अच्छा बना हुआ है स्नान रूम भी सुविधजनक व अच्छे हैं

हमने नाश्ता मेस में किया फिर हल्दी वाला दूध थकान उतारने को पीया। तत्पश्चात वार्डन से मिलने गए जो काफी सज्जनता पूर्वक पेश आये। हमने आज यहीं रूककर चंडीगढ़ देखने का प्लान बनाया।

साईकिल साफ़ कर हम बाहर घूमने निकल गए। रास्ते में कॉलेज के कई लड़के हमें जाता देख रहे थे पर हमें बाज़ार जाना था। बाज़ार में मैंने कैमरा रोल धोने को दिया।

पूछताछ करते हुए टूरिस्ट सेंटर पहुंचे। यह बस स्टैंड पर एक छोटा सा रूम था, अतः बड़ा आश्चर्य हुआ। टूरिस्ट ऑफिसर एक महिला थी जो काफी सज्जनता से मिली पर हमें चंडीगढ़ के नक़्शे के अतिरिक्त कुछ भी काम की सामग्री नहीं मिली। महिला अधिकारी ने पूरा नक्शा हमें समझाया। शहर बहुत ही योजनापूर्वक व सुव्यवस्थित बनाया गया है। जहाँ जहाँ भी गए हर जगह पक्के व अच्छे आर्किटेक्चरल भवन मिले जिनमे अभी भी सुधारात्मक कार्य चल रहा था।

वहां से हम सेक्रेटेरियट की ओर चले। रास्ते में एक पेट्रोल पम्प पर रुके जहाँ बहुत से आम लोगों से मिले व विभिन्न विषयों पर बात की। आज मैं अधिकतर चुप ही था।

2-3 मील और चलकर सेक्रेटेरियट पहुंचे। बहुत बड़ा भवन, 5-6 मंजिल का। बहुत सुन्दर, हम अंदर जा भी नहीं पाए थे कि एक व्यक्ति ने बताया कि आज छुट्टी है व आगे भी तीन दिन तक। मुख्य मंत्री भी बाहर गए हुए हैं अतः कोई नहीं मिलेगा। बड़ी झुंझलाहट हुई। जहाँ भी जाते हैं मंत्री नहीं मिलते। हमें अब तक भूख लगने लगी थी अतः वही बैठकर चाय वगैरा पी फिर होस्टल में जाकर सीधे मेस में खाना खाने चले गए। यहाँ और होस्टलों की तरह खाने की कोई सीमा तय नहीं थी। पुलाव की बड़ी सारी प्लेट हमारे सामने रख दी गयी। पनीर की सब्जी बहुत स्वादिष्ट थी हमने जी भर कर खाया, पर मंत्री के ना मिलने से मन खिन्न सा

था।

आराम करने के लिए हम रूम में आकर सो गए। गर्मी अधिक थी बिजली नहीं थी अतः पंखे बंद थे पर नींद ये सब कहाँ देखती है। जब आँख खुली तो अपने आपको पसीने से तरबतर पाया। अभी 4 बजे थे हम उठकर फ्रेश हुए तबतक 6 बज गए थे शाम घिर आई थी। हम बाज़ार गए जहाँ फोटो सेंटर पर कैमरा के फोटो अच्छे नहीं आये थे व कैमरा टूटने से प्रकाश प्रवेश कर गया था। दुःख हुआ।

यहाँ यों तो हर सेक्टर में बाजार है फिर भी हम एक बड़े मुख्य बाजार गए। किशन ने जीन की पेंट खरीदी। अब तक हम विदाई में मिले (मनी से रु.21.00 व राजू से रु 10.00) पैसों को खर्च कर रहे थे। अब आज से कोमन मनी का खर्च प्रारंभ किया था जो कि मात्र 50.00 रु ही तय किया था क्योंकि किशन ने उससे ज्यादा राशि को जोखिम बताया था। किशन का पेंट खरीदने की इच्छा का विरोध करना अच्छा नहीं लगा पर ये अवश्य कहा कि यदि खरीदारी ही करनी थी तो ज्यादा पैसे लेकर आना चाहिए था। खैर मैं निश्चिन्त था क्योंकि मेरे पास ललची की सलाह अनुसार रु.75.00 और रखे थे जिसका किशन को ज्ञान नहीं था।

वहीं होटल में चाय वगैरा पीकर पुष्पपाल के घर गए पर वह नहीं मिला। होस्टल आ गए।

खाना खाने मेस में गए तो वहीं युगांडा के एक लड़के से मैंने मुलाकात की। सुबह भी युगोस्लाविया के एक विद्यार्थी से विचार विमर्श किया था। दोनों की उम्र अधिक है फिर भी प्रथम वर्ष में है। एक तो पचीस वर्ष का था व बी.ए. कर चुका था पर बी. फार्मा के प्रथम वर्ष में प्रवेश लिया था। ये अच्छा लगा। रूम में कुछ देर बैठने के बाद हम फिर मेस में दूध पीने गए पर मेस बंद हो गया था अतः साईकिल लेकर बाज़ार गए व दूध हल्दी पीकर पैदल ही बातें करते लौटे। सारा माहौल चाँद की चांदनी में डूबा हुआ था। यूनिवर्सिटी के बड़े बड़े भवन व विद्यार्थियों के झुण्ड व कहीं कहीं लॉन में प्रेमी-प्रेमिका बैठे हुए दिखे जो इनकी आधुनिक सोच व आज़ाद जिंदगी बयां करती थी। यहाँ की लड़कियों के शारीरिक गठन व पहनावे में वे काफी सुन्दर लगती थी। लौट कर आते आते 11 बज गए थे अतः चोकीदार को सुबह चार बजे उठाने का कहकर सो गए।

16

20 सितम्बर 1970 लुधियाना-

आज सुबह चौकीदार ने हमें नहीं उठाया। किशन स्वयं ही उठा व मुझे भी उठाकर चौकीदार की शिकायत करने लगा। 'मैं बोला कि चलो समय पर उठ तो गए , तैयार हो जाएँ' किशन ने चौकीदार से भी नहीं उठाने के लिए शिकायत की पर अब उसका लाभ भी क्या था । हम झटपट तैयार हुए। फोस्फोमिन पिया जो कि अब खत्म हो गया था। इसमें थोडा अल्कोहल होने से थकान कम महसूस होती है। आज तो चने भी खत्म हो गए थे खैर सब सामान पैक कर हम लुधियाना को लक्ष्य कर चल दिए।

हल्की हल्की ठंडक अच्छी लगी, मष्तिष्क तर हो गया। हम दोनों ने प्रसन्नता जाहिर की बिगुल बजाया व आगे बढे। इक्के दुक्के लोग मिले जो लुधियाना का रास्ता बताने में मददगार रहे। दोनों यही सोच रहे थे कि चलो आज लुधियाना भी पहुँच जायेंगे। लुधियाना यहाँ से 70 मील दूर था। धीरे धीरे अँधेरा छंटने लगा व आकाश पर सुंदरता निखरने लगी थी। तभी एक सरदारजी सुरजीत सिंह हमारे साथ साईकिल चलाते हुए हमसे जुड गए। उन्हें 10 मील आगे गांव जाना था। किशन व वह बातें करते तेज तेज चलते रहे। ट्रिब्यून अखबार के रिपोर्टर ने हमें न्यूज देने के लिए बुलाया था पर हम जा नहीं पाए थे अतः इन्ही सरदार जी को न्यूज देने के लिए प्रार्थना की। 10 मील पर सरदारजी का गाँव आया तब उन्होंने हमें जबरन उतर कर अपने साथ चाय पिलाई व घर से लाए परांठे खिलाये। अभी तक अँधेरा था। हमने नाश्ता कर विदा ली। आठ दस मील पर फिर एक गांव का समां नजर आया, गांव आये उससे पहले ही एक और साईकिल सवार हमसे आकर जुड गया, सरदार महेंद्र सिंह ने गाँव आने पर हमें फिर से चाय नाश्ता करने पर जोर डाला व पुनः हमें आग्रह स्वीकार करना पड़ा।

लुधियाना अभी दूर था अतः हम शीघ्र रवाना हो गए। इस बार लगातार साईकलिंग करते रहे धूप भी बढ़ रही थी। पसीने से लथपथ हम दौड़ते रहे। एक दो जगह पानी पीने जरूर उतरे पर लुधियाना तक कहीं आराम नहीं लिया। करीब 11.30 पर शहर में प्रवेश किया व 12 बजे तक यहाँ के कॉलेज होस्टल पहुंचे। वार्डन वहां नहीं था। बताया गया कि स्विमिंग पूल पर

ओपन पंजाब स्विमिंग कम्पटीशन होने के कारण वे वहीं पर है। वहां जाकर मैंने वार्डन से बात की व अपने सभी प्रमाण पत्र उन्हें दिखाए पर वे काफी रूखे से दिखे। कुछ विचार के बाद उन्होंने क्रिकेट स्टेडियम में 2 बजे के बाद रूम देने का आश्वासन दिया। मैं होस्टल आया व किशन के साथ मेस में खाना खाया। यहाँ मेस में केवल 80 पैसे में खाना था पर किशन की खुराक देखकर मेस ठेकेदार उसे अजीब नज़रों से देखने लगा। मुझे व किशन को बड़ी हंसी आई। किशन की वास्तव में खुराक कुछ अच्छी ही है।

खैर अभी रूम के लिए हमें 2 बजे तक प्रतीक्षा करनी थी जबकि थकान ज्यादा हो गयी थी। किशन ने सुझाव भी दिया कि चलो दूसरी कॉलेज में चलते हैं पर थकान को देखते हुए मेरी इच्छा नहीं हुई। यहीं क्रिकेट मैदान में भी क्रिकेट मैच भी चल रहा था हम दोनों वही देखने लगे। धीरे धीरे 70 मील साईकिल चलाने की थकान उभरने लगी व नींद भी चढ़ने लगी। पसीने में भीगे होने से झुंझलाहट भी होने लगी। आखिर वहीं छाया में लेट गए। अबतक 4-5 लड़के हमारे पास आ चुके थे पर थकान के कारण हमने किसी से बात नहीं की।

आखिर 2 भी बजे। मैं फिर से सरदारजी से मिलने गया। पर वह नहीं मिले। मैं वापस किशन के पास लौट आया। दोनों को बड़ी निराशा हो रही थी। 2.30 बजे क्रिकेट खिलाड़ी मैदान से बाहर आये व हमें देखते ही सीधे हमसे मिले। उन्होंने हमारे विषय में जानकर सहानुभूति प्रकट की व उस सरदार वार्डन के प्रति अपना रोष दिखाया। आखिर 'कीमती मेहरा' (कैप्टन) हमें एक अन्य वार्डन के पास ले गया पर वह भी नहीं मिले व ज्ञात हुआ कि वो अभी केन्टीन में ही आयेंगे, अतः हमें वही बैठाकर कोकाकोला पिलाई। जब काफी देर तक वार्डन नहीं आया तो उसने भी पुनः स्विमिंग पूल जाने को कहा। हमने एक बार तो किसी होटल में ही जाने का विचार बनाया पर फिर ये सोच कर कि अब तो यहाँ प्रबंध हो ही जाएगा, हम रुक गए। हम स्विमिंग पूल जा ही रहे थे कि 5-6 लड़कों से फिर मुलाकात हुई। वहां वार्डन से मिले उसने हमें वहीं बैठा लिया व कुछ देर और इंतजार करने को कहा। करीब 3.30 हो गए और अब हमें गुस्सा आ ही गया। दोनों ने वहां से चलने का प्लान बनाया कि वहां रुकना तो अब बेवकूफी है। किशन ने कहा-'पार्टनर अपन तो अब आगे जालंधर ही चलते हैं। यहाँ से 33 मील ही तो है शाम की ठंडक में पहुँच जायेंगे।" हम ये विचार बनाते हुए स्विमिंग पूल से बाहर आ गए।

हमारी साईकिल पर लगे बोर्ड एक सरदारजी खड़े खड़े पढ़ रहे थे। जब हम वहां पहुंचे व हमारी बनियान पर साईकिल टूरिस्ट लिखे देखा तो काफी उत्सुकता से पूछा ' आर यु साईकिल टूरिस्ट जेंटलमेन' हमने कहा ' यस सर ' और अपना परिचय दिया। उनके ये पूछने पर कि यहाँ कब आये व कहाँ ठहरे हैं तो हमने सारी स्थति बताई। किशन का मूड खराब था वह बोल पड़ा 'यह पंजाब हैं, जहाँ हमें इस तरह का स्वागत मिला है' सरदार जी ने बताया कि "मैं यहीं का प्राध्यापक हूँ व मुझे दुःख है कि आपके साथ ऐसा व्यवहार हुआ।" उन्होंने चंद मिनटों में ही रूम देने का आश्वासन दिया व हमें तुरंत प्राचार्य के पास ले गए। प्रिंसिपल ने हमारे बारे में सुनकर दुःख प्रकट किया व तुरंत ही हमें वार्डन के पास लेकर आये व उन्हें

कुछ डांटा व उसी समय रूम देने को कहा। वार्डन ने भी जल्दी से एक स्लिप पर रूम नम्बर लिखकर एक सर्वेंट के साथ हमें होस्टल भिजवाया।

पूल से बाहर आते ही वही प्राध्यापक जी मिले। उन्होंने पहले हमें केन्टीन में चाय नाश्ते के लिए भेजा व शाम को चाय पार्टी के लिए आमंत्रित किया। अब हमें राहत मिली थी। कैंटीन से शीघ्र हम होस्टल की ओर चले कि रास्ते में कुछ और लड़के मिले जिनमे नरेन्द्र (सरदार) ने नहाने के पश्चात स्विमिंग पूल पर मिलने के लिए कहा।

होस्टल पर पहुँच कर लगा कि जब तक ठहरने का प्रबंध न हो वह जगह बिलकुल नयी व परायी लगती है पर ज्योंहीं रहने का प्रबंध हों जाता है सब अपना सा लगने लगता है।

होस्टल आने पर कुछ देर तो हमें कुछ भी करने की इच्छा नहीं हुई पर कुछ देर बैठ कर हम नहाये तब थकान हल्की पड़ गयी। हम स्विमिंग पूल गए जहाँ नरेन्द्र व उसके साथी मिल गए व उन्होंने जालंधर दिखाने की जिम्मेदारी अपने ऊपर ले ली। स्विमिंग पूल पर चल रही प्रतियोगिता में लड़कियों की ड्रेस मुझे बेहद शर्मनाक लगी। प्रतियोगिता समाप्त होने पर नरेन्द्र बाज़ार ले गया, फिर बर्मा मेकेनिकल वर्क्स दिखाने जहाँ बड़ी बड़ी प्रेशर मशीन बनती है जो विदेशों से भी अच्छी व सस्ती बनती है। इस दौरान ठंडा पेय बार बार पीना पड़ा।

यहाँ से नरेन्द्र अपनी स्वयं की इंडस्ट्री फ्रंटियर मेकेनिकल वर्क्स दिखाने ले गया जहाँ साईकिल के पार्ट्स बनते हैं उसने छुट्टी होने के कारण स्वयं सभी मशीनों को चालू कर सभी प्रणाली समझाई। वहां से वह अलग अलग जगह घुमाता रहा व रात को अपने घर ले गया जो कि काफी बड़ा बंगला था व आधुनिक सामानों से सुसज्जित। उनके माता पिता काफी प्रेम से मिले व कई विषयों पर बात हुई। उन्होंने ये भी बताया कि जम्मू से आगे हमें साईकिल पर नहीं जाना चाहिए।

उनके घर सभी खाना खा चुके थे पर नरेन्द्र के अत्यधिक दबाव के कारण हमें वहीं खाना खाना ही पड़ा। उनकी माताजी ने तुरंत खाना तैयार किया। खाना खाकर नरेन्द्र व उसके साथी हमें मुख्य रोड तक छोड़ने आये सभी ने प्रेमपूर्वक विदा किया।

कितना प्यारा है ये बंजारापन। न जाने किस किस तरह के लोगों से व किस किस रूप में मुलाक़ात होती है व चंद क्षणों में ही मित्रता घनिष्ठता में बदल जाती है।

थकान का असर कम करने को हमने दूध हल्दी पिया जिसे देखकर होटल वाले को भी अचरज हुआ। रास्ते में साईकिल की ओइलिंग वगैरा करवाई। आज रूम में न पंखा था न प्रकाश का बल्ब। न चारपाई न सोफा, बस दरी बिछी हुई थी और हम दोनों गर्मी से परेशां वैसे ही सो गए। चौकीदार को सुबह जल्दी उठाने को कह दिया था।

17

21-सितम्बर 1970
-लुधियाना-जालंधर

आज प्रातः चौकीदार ने सुबह चार बजे दरवाजा खटखटा कर उठाया। अचानक स्वप्न भंग होने से अजीब सा कष्ट हुआ। फिर जमीं पर सोने से बदन में भी दर्द का आभास हुआ। दोनों ने तैयार होने का विचार किया पर जब देखा कि बाथरूम में पानी ही नहीं है तो बड़ी कोफ़्त हुई। आखिर मेरे कहने पर किशन ने आगे बढ़ने का ही निश्चय किया। हम सामान तैयार कर ही रहे थे कि पानी गिरने की आवाज आई। दोनों खुश हुए व दैनिक कर्म से निवृत हुए। अँधेरा ज्यादा था अतः स्नान का जालंधर में ही प्लान बनाया। साईकिल पर सामान जमाकर चौकीदार से राम राम कर सुबह 5 बजे विदा ली। जाग की कहीं कोई सूचना नहीं दिखी। कुछ दूर आकर एक रेस्टोरेंट मिला जहाँ हमने चाय/दूध वगैरा व मठरी आदि लिया। रास्ते में इक्के दुक्के आदमी जिन्होंने जालंधर का रास्ता पकड़ने में मदद की। आज साईकिल चलाने की बिलकुल भी इच्छा नहीं थी। इसलिए धीरे धीरे चल रहे थे। आज की दूरी कुल 35 मील ही तो थी। कुछ कुछ दिन निकलने लगा था व हम 12 मील आ चुके थे कि वहीं एक एन.सी.सी. कैम्प लगा हुआ मिला। हमें प्यास लग आई थी अतः यहीं से पानी पीकर निकलने का विचार आया। एक लड़के ने नल बता दिया हम वहीं पानी पीने गए। वहीं एक पेड़ के नीचे 4-5 व्यक्ति चारपाई पर बैठे तैयार हो रहे थे। हमारी आदत के अनुरूप हमने उनसे राम राम की व वहीं बैठ चने खाने लगे। मेरे सीने में भी दर्द उठ रहा था अतः हम भी चारपाई पर बैठ गए व साईकिल एक ओर खड़ी कर दी।

कुछ ही देर बाद एन सी सी कैम्प का कमांडेंट दो और लोगों के साथ उस ओर शायद निरीक्षण हेतु आया। वे तीनो साईकिल पर हमारा बोर्ड पढ़ने लगे तो मैं स्वयं उठकर उन तक गया। उन्होंने पूछा कि साईकिल इधर क्यों रखी है तब मैंने उन्हें अपना परिचय दिया। वे बड़े खुश हुए उन्होंने हमारी यात्रा संबंधी ढेरों सवाल कर हमें अपने साथ नाश्ता करके जाने के लिए मना लिया। उन्होंने एक अंडर ऑफिसर को बुलाकर हमारे लिए नाश्ता मंगवाया व उसे कहा कि सब कैडेट्स को बताओ कि तुम्हे यहाँ परेड करने में मौत आती है जबकि ये दोनों

साहसी कितना बड़ा टूर कर रहे हैं। वे हमसे विदा लेकर चले गए तब और बहुत से ऑफिसर चाय नाश्ता लेकर आये व हमसे बहुत सी बाते टूर के विषय में ज्ञात की। नाश्ता कर हम तुरंत वहां से चल पड़े।

आगे रोड पर 4-5 लड़के और साईकिल पर जा रहे थे। जैसे ही हम तेज गति से उन से आगे निकलने लगे वे भी तेज हमारे साथ हो लिए। वे सभी आगे गांव में पढ़ने जा रहे थे हमने उनके कॉलेज वगैरा के बारे में जानकारी जुटाई। गांव आया उसका नाम फगवाडा था। एक लड़के ने जबरन चाय पीकर ही आगे जाने दिया। मेरे सीने में अभी भी दर्द हो रहा था अतः मैं लगभग चुप ही रहा।

होटल से जैसे ही चले कि मेरी साईकिल की चेन आज फिर उतर गयी, जो कि कठिनाई से ही चढ पाई।

रास्ते में एक शक्कर की फैक्टरी मिली व मैंने देखने का विचार किया, पर वहां जाकर पता चला कि वह बंद है हमने आगे की राह पकड़ी। आगे किशन ने फिर कई गाँवों में उतरने की सोची, पर मैंने द्रढता से इनकार कर दिया क्योंकि फिर कोई न कोई चाय नाश्ते के लिए रोक लेता व हमें देर होती। इधर मुझे दर्द बढ़ता सा महसूस हो रहा था।

आखिर जैसे तैसे जालंधर पहुंचे। रास्ते में खालसा कॉलेज थी अतः यहीं होस्टल में ठहरना उचित समझा। किशन डी ए वी कॉलेज चलने की सलाह दे रहा था। जबकि वह काफी दूर थी।

कॉलेज में घुसते ही कुछ सरदार मिल गए हमने वार्डन का पता पूछा व अपना अभिप्राय बताया। ये क्या वे तो स्वयं हमें अपने रूम पर ले गए। हमें चाय नाश्ता कराया हमसे पूरी जानकारी ली। अभी सिर्फ 10 बजे थे नहाने के लिए ट्यूब वेल था हमने अपने कपडे आदि भी धोए। लगभग 11.30 पर मैं सुपरिंटेंडेंट से मिला जिसने रूम का आदेश दे दिया। रूम का प्रबंध कुछ देर से होता अतः हम उन्ही सरदारों के पास ठहरे रहे। अब नींद चढ़ने लगी थी पर मेस में खाना भी तैयार था मेस छोटा सा रूम ही था फर्नीचर भी अस्त व्यस्त। सब्जी भी नियंत्रित मात्रा में थी।

जिन सरदारों के रूम में हम ठहरे थे वे सभी खिलाड़ी थे अतः खेल के विषय में बहुत सारी बातें हुई। मैं स्वयं हॉकी में राज्य स्तर तक खेल चुका था व कॉलेज की टीम का सदस्य था। ये सभी सरदार उज्जड स्वाभाव के व गाँवो की संस्कृति से आये हुए थे। मैं शीघ्र खाना खाकर आ गया जबकि किशन वगैरा बाद में आये। हमें रूम भी आवंटित हो गया था पर हमें आज ही तो रुकना था अतः इन्ही सरदारों के रूम में रुके रहे। कुछ ही देर में हम सो गए। शाम के चार बजे तक सोकर हमने फिर चाय वगैरा ली। सभी सरदार खेलने चले गए जबकि एक हमें घुमाने के लिए नियुक्त था। सबसे पहले हमने एस.के.नंदा के घर जाना था जो कि कुरुक्षेत्र में मिले विरेन्द्र नंदा का बड़ा भाई था व विरेन्द्र की दी गयी 7-8 किताबे उन्हें पहुंचानी थी जिन्हें साईकिल पर हम 200 मील से घसीटते हुए ला रहे थे। काफी ढूँढने के पश्चात उनका घर मिला, वे किसी कॉलेज के प्राध्यापक थे व हमारी ही प्रतीक्षा कर रहे थे। क्योंकि विरेन्द्र

पहले ही उन्हें लिख चुका था। वे बोले-"आईये, आईये मैं तुम्हारा ही इंतजार कर रहा था ये तुम्हारा ही रूम है।" उन्हें ये जानकर दुःख हुआ कि हम वहां नहीं ठहर रहे हैं। विरेन्द्र द्वारा भेजी पुस्तकें पाकर वे काफी खुश हुए। बहुत सारी बातें उन्होंने हमसे हमारे बारे में जानी। अंततः चाय नाश्ता कर हम वहां से चल दिए। इसका वायदा करना पड़ा कि आते समय उनके यहाँ ही आकर रुकेंगे।

वहां से शहर के पूरे बाज़ार का चक्कर लगाया। एक जगह जिससे साईकिल ओइलिंग करवायी उसने हमारे कार्य को सराहा व चाय नाश्ता लेने को कहा पर मैं थोडा सा परेशान था अतः प्रेमपूर्वक इनकार कर दिया। एक जगह मैं पान खाने उतरा वही एक लड़का शराब पी रहा था साईकिल पर बोर्ड पढकर वह मेरे नज़दीक आया व मुझे जबरन शराब पीने का प्रस्ताव रखता रहा। तथापि अत्यधिक आग्रह पर मैंने उसके कोकाकोला पर सहमति जता दी तभी किशन व सरदार भी आ गए व उन्हें भी कोक पीनी पड़ी। वहां से होस्टल आकर व मेस में खाना खाकर सामान पैक किया ताकि सुबह आगे बढ़ सके। अब सोने का विचार है।

18

22 सितम्बर 1970
जालंधर से पठानकोट

आज प्रातः आँख खुली तो लगा जैसे 4-5 बज गए होंगे। घडी बिना काफी परेशानी रहती है। मेरी घडी खराब हो गयी है। खैर मैंने किशन को जगाया वास्तव में 4.30 हो गए थे। हम दोनों उठकर तैयार हुए। उन सभी सरदारों में से एक ने आकर चाय बनाई। आखिर 5 बजे के करीब हमने उनसे विदा ली। खालसा कॉलेज के पास के मुख्य रोड पर चले गए व इधर उधर बलखाते हुए पठानकोट की ओर चल पड़े। पठानकोट यहाँ से 80 मील दूर था हल्का हल्का दिन निकल आया था रोड पर पहुंचते पहुंचते 5.45 हो गए थे। गति कुछ ही देर बाद तेज हों गयी। सड़क के दोनों ओर हरे भरे पेड थे आकाश में बादल छितरे हुए थे। हवा में ठंडक थी व दोनों पार्टनर्स मंजिल के करीब पहुँच पाने पर खुश थे। मन में यही था कि अब तो जम्मू पहुँच ही गए समझो।

उत्साह पूर्वक चल रहे थे तभी एक गांव आया जहाँ भैसे बंधी हुई थी व कुछ लोग चारपाई व जमीन पर बैठे थे। किशन की इच्छा हुई गाव का ताज़ा दूध पिया जावे। पर दूध उनमे से किसी के पास नहीं मिला पर तभी एक स्त्री ने अपने पास होना बताया। वह हमें अपने मकान पर ले गयी जहाँ उसका एक लड़का बैठा हुआ था पूछने पर ज्ञात हुआ कि वह मिलिट्री में है व छुट्टी मनाने आया हुआ है। उस स्त्री ने हमें दूध गर्म कर शक्कर वगैरा डालकर दिया जिसमे हमने ग्लूकोज और मिला दिया दूध स्वादिष्ट था यहाँ दूध का उन्होंने सिर्फ एक रु. ही लिया। 7 यहीं बज गए थे।

हम फिर आगे बढे तभी एक और बूढा सरदार हमारे साथ साथ चुप रहकर साईकिल चलाने लगा।हम तीनो तेज चल रहे थे मुझे शक था कि बुजुर्ग हमारे साथ तेज नहीं चल पायेगा पर उसे विश्वास पूर्वक बैठे व साईकिल चलाते देख लगा कि अभी भी बहुत कुछ शेष है इनमे। और फिर किशन व बुजुर्ग तेज चलते आगे निकल गए व मैं ही अपनी साधारण गति से पीछे पीछे चला। वे आँखों से ओझल हो गए थे। मैं रोड पर अकेला रह गया व मन में साईकिल खराब होने की शंका से डर गया।

थोड़ी देर बाद वही हुआ। मेरी चेन उतर कर पहिये में फंस गयी। काफी कोशिशे करने पर भी निकलने की कोई उम्मीद नजर नहीं आई। पाने वगैरा सभी किशन के पास बैग में थे। आखिर पैदल ही चला। मील का पत्थर देखा टांडा उर्मुड अभी 4 कि.मी. दूर था पर अब क्या हों सकता था। पैदल लगभग 3/4 मील चला कि कुछ लड़के नजर आये। पास से ही टांडा उर्मुड के लिए अलग रास्ता जाता था। उनके पास में कुछ पाने व औज़ार व पंक्चर का सामान था। मैंने उनसे पाने लिए, फिर फ्लाई व्हील कुछ ढीला किया व चेन बाहर निकाली। अब मन में कुछ संतोष हुआ चेन ठीक हो गयी। पास ही रेलवे क्रोस्सिंग के फाटक के गार्ड से पानी लेकर पिया व फिर आगे बढ़ा। किशन टांडा उर्मुड के दूसरे वाले छोर पर मिला। उसने बताया कि सरदार ने उसे चाय नाश्ता कराया व वहीं बैठे अजमेर के कुछ गाडियां लुहार ने उसे दो एक गीत भी सुनाये। मेरे पहुँचने पर उन्होंने हमें घेर लिया कुछ स्कूल के लड़के भी एकत्रित हो गए होटल वालों ने भी बहुत ही आवभगत पूर्ण बातें की।

वहां से चले तो हम सीधे दसुवा जाकर रुके। दसवा से मुकेरिया व मुकेरिया से पठानकोट। रास्ते में कुछ और लड़के भी हमारे साथ साथ साईकिल पर चले थे उनसे काफी दूर तक बातें करते हुए चले। उनमे से एक तो माउंट आबू ब्रह्मा कुमारी आश्रम भी जाकर आया था।

आज मुझे बड़ी थकावट सी महसूस होती रही दायें पैर का घुटना दर्द करता रहा। बड़ी कठिनाई से साईकिल चला पा रहा था।

आगे चलकर जब चढाईयां आना शुरू हुआ तब तो हालत बहुत बुरी हों गयी थी, भूख भी लगने लगी थी रास्ते में दो तीन जगह चाय नाश्ता करना पड़ा। धूप भी आज तेज लगी अतः रास्ते भर बड़ी बैचेनी रही, जबकि सुबह तो घटायें घुटी हुई थी।

जब पठानकोट सिर्फ 15 मील रह गया था तब तो लंबी लंबी चढाईयां आने लगी, ढलाव बहुत कम थे आज साईकिल की चाल भी कुछ भारी भारी सी लगी। वैसे सब ओर के दृश्य बहुत सुहावने थे रेलवे लाइन हमारे साथ साथ चल रही थी व पहाड़ों के दृश्य भी अच्छे लग रहे थे। पठानकोट के नजदीक तो रेलवे लाइन एकदम नजदीक थी व हमारा रोड नीचे था मिलिट्री के जगह जगह कैम्प व ट्रक वगैरा नजर आ रहे थे।

हमारे पास से गुजरने वाले ट्रको से हम हाथ हिला हिला कर राम राम जैसा अभिवादन करते थे। वे भी उत्सुकता से हमें देखते थे। कुछ मिलिट्री वालों ने तो अपनी जीप व ट्रक रोक कर हमसे बातें भी की व हमारा साहस भी बढ़ाया। एक स्थान पर रेलवे क्रोसिंग करनी पड़ी, पुल बना हुआ था। दृश्य बड़े अच्छे लगे। ट्रेन गुजर रही थी अतः हमें कुछ देर दूसरी ओर रुकना भी पड़ा जहाँ मिलिट्री वालों से और भी कई बातें की।

पठानकोट शहर में प्रविष्ट हुए बिगुल बजाकर हर्ष का प्रदर्शन किया दोनों साथियों के चेहरे पर हंसी व मुस्कुराहट थी। शहर की सड़कें काफी टूटी फूटी थी साईकिल एक खड्डे से निकलकर दूसरे में चली जाती थी। आखिर जब मुख्य बाज़ार आया तब राहत व कुछ रौनक मिली। यहाँ ठहरने के प्रबंध के लिए एस.के.नंदा ने स्टेंडर्ड होटल के नाम एक खत दिया था जो कि उसके किसी मित्र की थी। होटल आसानी से मिल गयी व उसके मेनेजर ने तुरंत रूम

दे दिया। होटल छोटी जरूर थी पर भली प्रकार सजी हुई व आधुनिक थी। इस समय अपरान्ह के 2 बजे थे। सामान रूम में रखकर खाना खाया, खाना अच्छा लगा। फिर रूम में आकर सो गए व जल्दी ही नींद ने आ घेरा।

शाम को उठकर नहाये, फिर घूमने निकले। यहाँ का बाज़ार देखकर आबू की याद आ गयी। तथापि यह काफी व्यस्त नजर आया। एक बड़े शहर का छोटा सा बाजार जैसा। सभी दुकाने अच्छी सज्जा वाली थी। आज भी यूनियन का जुलुस निकला था अतः नारेबाजी व भीडभाड अधिक थी। हमने अपनी जरूरत के कुछ सामान ख़रीदे। यहाँ छोटे से बाजार में बहुत सी लड़कियां नजर आई सभी खूबसूरत थी। सबके कट्स व फीचर्स अच्छे थे रंग निखरा हुआ। सुन्दर परिधान ।

एक साईकिल की दुकान पर साईकिलों की ओइलिंग करवायी इसमें ही शाम ढल गयी व अँधेरा छा गया। इसी दौरान मैंने दुकान पर सेब के भाव जाने जो कि 1 रु. से 2रु. प्रति किलो तक है। दुकानदार (छज्जूराम) से बातों में ही पता चला कि वह भी अजमेर का ही है। मुझे अजमेर का जानकर उसने मुझे चाय दूध पीने का आग्रह किया लेकिन ये कैसे स्वीकार कर सकता था मैं तो वैसे ही सेब के भाव देखने आया था। उसने प्रार्थना की कि लौटते समय उसके यहीं रुके। मैं उसे आश्वासन देकर आया।

कुछ देर बाद किशन होटल गया व मैं डाक सामग्री खरीदने। स्टेशन। रूम पर आकर मैंने माता पिता, मम्मी, कैलाश' सुधी व जीजी को पत्र लिखे। बाद में खाना खाकर दूध पीने गए। वहां फिर उसी छज्जू राम से मिलना हो गया। दूध वाला दूध में हल्दी डालने की सुनकर बड़ा चकित हुआ व शायद हमें बुद्धू समझने लगा। किशन भी तो पहले ऐसा ही सोचता था। पर एक दिन के प्रयोग ने ही उसे दूध हल्दी का लाभ स्पष्ट कर दिया था।

बाद में घूमने फिरने निकले, घूमते घूमते सिनेमा पहुंचे, पर भीड़ अधिक थी। वहीं हमने वीर प्रताप अखबार की खोज की क्योंकि उसमे हमारे बारे में समाचार आज छपने थे, पर वह नहीं मिला।

आखिर घूम फिरकर रात को 11 बजे के लगभग सोने की तैयारी में हैं, गर्मी लग रही है, पर पंखा चलने से शांति है।

19

23 सितम्बर 1970
पठानकोट -जम्मू

आज सुबह 4.45 बजे होटल के सर्वेंट ने जगाया, हम झटपट तैयार हुए सामान पैक किया, नहा धोकर व चाय पीकर जम्मू के लिए रवाना हुए। आज जम्मू पहुँचने की मन में बहुत उत्सुकता थी। शहर से बाहर निकलते निकलते 6.30 हो गए थे। अँधेरा छाया हुआ था जम्मू का रास्ता प्रारंभ होते ही हल्की हल्की चढ़ाई आ गयी। वैसे कल रात साईकिल की ओइलिंग करने से वह हल्की महसूस हो रही थी। रोड बड़ा अच्छा था इस क्षेत्र में हरियाली तो थी ही, आगे चलकर रोड के साथ साथ एक बड़ी सी नहर भी बह रही थी अतः दृश्य काफी सुंदर बना हुआ था। धीरे धीरे दिन भी स्पष्ट होता जा रहा था दूर हरी भरी पहाड़ियां नजर आ रही थी। इस रोड पर चलने का भला किस का जी नहीं चाहेगा। पर आज फिर मुझे घुटनों में हल्का हल्का दर्द का आभास हो रहा था। दायें घुटने की एक नस दर्द कर रही थी चढ़ाई में दर्द बढ़ जाता था पर मंजिल पर तो पहुँचना ही था।

माधोपुर तक हम लगातार चलते रहे। माधोपुर में से होकर रावी नदी बहती है जगह जगह पुल बने हुए थे हम पहाड़ी क्षेत्र में पहुँच गए थे। दृश्य बड़े ही मनोरम लग रहे थे आगे चलकर लंबा सा पुल आया, पुल की बनावट बहुत अच्छी थी दोनों ओर पहाड थे एक ओर नदी, उसके सामने पर्वत फिर सुसज्जित बने हुए पुलों का जाल व तेज चौड़ी चौड़ी बहती हुई नहरें। मिलिट्री का कैम्प व जगह जगह खड़े हुए ट्रक ये सब बड़ा अच्छा दृश्य उपस्थित कर रहे थे जिसे शब्दों में बयां करना नामुमकिन है। हम पुल पार कर रहे थे तभी सामने से एक साईकिल पर एक ग्वाला व उसके आगे बैठी एक लड़की, आ रहे थे। उसका परिधान गांव का ही था। पर जैसा कि फिल्मो में दिखाते हैं बिलकुल नया। जब वे पास से गुजरे तो लड़की का रंग, गांवों का ड्रेस व कश्मीरी गहने सभी ने मुझे हतप्रभ कर दिया।

पुल पार करते ही बड़े बड़े बोर्ड नजर आये, जो कि जम्मू कश्मीर प्रान्त की सीमा प्रारंभ होने की सूचना देते थे। वहीं मिलिट्री चौकी भी थी। ये सब देखते ही मेरा हाथ बिगुल की तरफ लपका व बिगुल जोर से बज उठा। ढलाव में तब साईकिल स्वयं ही लुढक रही थी। दोनों साथी

प्रसन्न थे। चौकीदारों की निगाहे हमारे बोर्ड पर ही टिकी रह गयी।

आगे ही एक और पुल था व रोड उसके नीचे होकर गुजरता था।एक रोड पहाड पर मिलिट्री कैंटोंमेंट की ओर जा रहा था वहां से उतरता एक मिलिट्री का व्यक्ति बिगुल सुनकर चौंक उठा व इधर उधर देखने लगा व हमारे हाथ में बिगुल देख कर बोला कि "बिगुल बजा कर आपने मुझे चौंका दिया, मैं तो कोई गाड़ी समझा था।" आखिर रूककर हमने उसे बताया कि हम हर्ष ध्वनि कर रहे थे। हमारे बारे में जानकर उसने हमें कुछ देर रुकने को कहा क्योंकि वह मेस में खाना लेने जा रहा था व आकर हमसे बात करना चाहता था।

आधे घंटे तक हम उसका इंतजार करते रहे वह जब आया तो उसके हाथ में एक केतली थी वह हमारे लिए चाय व मालपुए लेकर आया था। हमें भूख तो लग ही रही थी वो बने भी बड़े स्वादिष्ट थे। आखिर हम उससे विदा लेने ही वाले थे कि एक अन्य मिलिट्री वाले ने आकर बताया कि पीछे माधोपुर में फिल्म की शूटिंग चल रही है व आशा पारेख आई है। किशन का मन मचल उठा पर मेरे ना कहने पर उसे आगे बढ़ना पड़ा। मेरी शूटिंग से ज्यादा जम्मू पहुँचने में रूचि थी कुछ दूर चले होंगे कि वह मुझे मनाने में सफल हों गया। अंततः दोनों ने अपनी अपनी बाईक्स मोड ली। इस बार चढाई थी। अतः घुटने में हल्की हल्की टीस चलने लगी। खैर जैसे तैसे माधोपुर पहुंचे। पूछताछ पर मालूम हुआ कि वे लोग रेस्ट हाउस गए हैं अतः हम वहां गए। वहां से ज्ञात हुआ कि वो शाहपुर कंडी गए हैं जो कि 6 मील दूर था हम उस ओर हो लिए। रोड छोटा सा था व पत्थर निकले हुए थे अतः मैं धीरे धीरे चलने लगा किशन तो उत्सुकतावश तेजी से मुझसे आगे निकल गया।

कंडी से भी रावी नदी के किनारे जाना था, रोड क्या था सिर्फ बड़े बड़े पत्थर पड़े थे। एकदम सीधा ढलाव था, हम साईकिल पर बैठे बैठे ही उतरने लगे साईकिल फिसलने का डर था कई बार बचे भी, आखिर सफलता से नीचे पहुंचे। रावी का किनारा, चौड़ा मैदान,बहता पानी,दूसरी ओर कुछ दूरी पर पहाड,ये देखकर लगा कि हम जरा सी गलती से इतना अच्छा दृश्य देखने से चूक जाते। वहां शूटिंग की तैयारी हो रही थी। मशीन वगैरा फिट हो चुकी थी कई मिलिट्री वालों के परिवार वहां आ गए थे। मशीन के इर्द गिर्द हीरो नवीन निश्चल ,देवेन वर्मा, सुन्दर आदि खड़े थे, देखने वालों की भीड़ बढती जा रही थी हमने अपनी साईकिलें एक ओर खड़ी की फिर मशीन की ओर हो लिए। देखने वालों को पुलिस ने 100 फुट दूर ही रोक लिया था पर हम आगे बढ़ गए किसी ने हमें रोका भी नहीं। पर हमें एकदम नजदीक तो नहीं ही जाने दिया। शूटिंग की तैयारी थी अतः हमने नवीन वगैरा से शूटिंग के बाद ही मिलने का विचार बनाया व दर्शक बनकर बैठ गए। जब सब तैयारी हो गयी व शोट फिल्माया जाने लगा तब तक हमें बैठे बैठे 2 घंटे हो गए थे। शोट प्रारंभ हुआ हम देखते रहे पर एक ही सीन को उन्हें बार बार दोहराना पड़ रहा था। इस तरह एक घंटा और व्यतीत हो गया। धूप बढ़ गयी अब मैं बोर होने लगा भूख भी लगने लगी। अतः वहां समय गवाने की बजाय हमने उठकर चलने में ही कुशल समझी। किशन का चेहरा भी उतर गया था। अतः दोनों साईकिल उठाकर चल पड़े। चढाई में भी पत्थरों पर काफी ताकत लगानी पड़ी। आगे ऊपर आने पर एक छोटी सी

गाँव की सी होटल मिली जहाँ हमने पहले चाय नाश्ता किया जिससे कुछ ताजापन लगा। वहीं एक प्रम्तेश नाम के लड़के ने हमसे मुलाकात की और लौटते समय मिलने का वायदा माँगा। उससे विदा ले हम आगे बढे।

अब तो बस जम्मू पहुँचने की ही धुन सवार थी। कभी चढाव आते कभी उतार। धूप भी तेज थी तो हवा भी तेज चल रही थी। रास्ते में राजगढ़ में एक छोटी सी होटल में खाने को दाल व चपाती मिली। आज का रास्ता हमारे लिए बुरा रहा। कभी चढाव पर अधिक जोर तो फिर एकदम ढलाव पर हवा से ठंडक। आखिर 5.30 पर साम्बा पहुंचे। बस स्टेंड अच्छा था। यहाँ का एक पता सुखराज कटोच ने सोनीपत में दिया था। पूछताछ पर मालूम हुआ कि वह स्थान यहाँ से 3 मील की चढाई पर गढ़मंडी में था। मै इतना ऊपर जाने के पक्ष में नहीं था अतः जम्मू पहुँचने की सलाह दी। लेकिन फिर उसके आग्रह पर आज वहीं ठहरने की योजना बनायीं। बस इस शर्त के साथ कि कुलदीप सिंह साम्याल यदि मिल गया तो, अन्यथा आगे बढ़ जायेंगे। गढ़मंडी तक ले जाने को दो लड़के तैयार हो गए। पहले तो हमने साईकिल वहीँ छोड़ने का विचार बनाया पर फिर कुछ विचार कर साथ ही ले ली। यहाँ सीधा चढाव था। ½ मील चढाई पर हमें लग गया कि साईकिल के साथ आगे चढना कठिन है। यहाँ थोड़ी सी बस्ती व कुछ दुकान थी। हम थकान से परेशान होकर एक होटल पर चाय पीने रुके वहां के सभी लोग हमारे लिए हमदर्द नज़र आये। वहीं नरोतम साम्याल, कुलदीप साम्याल का छोटा भाई मिल गया जो हमें अपने घर ले गया। साईकिल एक होटल में खड़ी करवा दी थी।

यहाँ साम्बा में कई मंडी हैं, प्रत्येक मंडी एक पहाड की चोटी पर है जिस पर 50 से 100 तक मकान बने हुए हैं। चोटी पर से सूर्यास्त के दृश्य बड़े अच्छे लगे।

वहां कुलदीप ने अच्छा स्वागत किया। सुखराज के व हमारे विषय में चर्चा हुई। आज मैंने जाना कि अपने पीहर से आने वाले व्यक्ति से मिलकर एक नारी कितना आनंद प्राप्त करती है। उससे बहुत ही प्रेम पूर्वक बातें हुई। सरोज को देखकर मैं हतप्रभ रह गया था कितनी ख़ूबसूरत थी वह, दुबली पतली, उम्र में सिर्फ 20-22 साल की लगती थी। रंग निखरा हुआ जिस्म में फूल की सी मुलामियत। आवाज किसी साज़ जैसी। हमसे जिस तरह पेश आई शायद वह अपने भाई से भी ज्यादा अच्छा व्यवहार था। स्वभाव बहुत अच्छा। पर सबसे अच्छी बात थी उसके छोटे छोटे बच्चों की स्वस्थता, सुंदरता, व रंग। एक दम गोरे कश्मीरी।

कुछ देर बाद खाना वगैरा खिलाकर वे लोग हमें अपने रूम में छोड़ गए और हम सो गए। मैं अभी सरोज के विषय में सोच ही रहा था (किशन सो गया था) कि रूम का दरवाजा खुला, सामने सरोज खड़ी थी। मुझे उनींदा सा देख बोली "आप सो गए क्या,"

"नहीं, नहीं क्यों"

"इनके पिताजी आपसे बात करना चाहते हैं"

'हाँ,अवश्य ,भेज दो उन्हें" मैं बोला

फिर कुलदीप के पिताजी से आधे घंटे तक बातें हुई, वे यहाँ के कोंग्रेस के अध्यक्ष थे अतः हमारी बातें टूर की फिर राजनीति की हुई। बातें समाप्त हुई तब मुझे लगा कि मैंने उनके

विचारों का कुछ कुछ विरोध किया है, खैर। आखिर वे चले गए व मैं उन्ही विचारों के साथ सो गया।

20

24 सितम्बर 1970 जम्मू

प्रातः आँख खुली तब हल्का हल्का प्रकाश आ चुका था कुलदीप सिंह को भी आज दिल्ली जाना था अतः तैयार होकर गढ़मंडी से साम्बा आये वहीं तगड़ा नाश्ता किया व दो दो बार चाय पीकर कुलदीप की मोटर साईकिल की प्रतीक्षा करते रहे, जब वह आई तो अपने अपने गंतव्य पर चल पड़े। जम्मू यहाँ से 25 मील था। सवेरे के आठ बज गए थे। आज भी रास्ता चढाई व उतार का था हम पहाड़ों की तलहटी में चल रहे थे दूसरी ओर मैदान था। आकाश में हलके हलके बादल छितराए हुए थे। आज हमने लगातार साईकिल चलायी, जम्मू दूर से ही नज़र आने लगा, पहाड़ों पर बसा अच्छा लग रहा था। पहले फोटो लेने की सोची पर फिर टाल गया। किशन मुझसे बहुत आगे किसी और साईकिल वाले के साथ बातें करता हुआ चल रहा था। जम्मू में प्रविष्ट होने से पहले एक बड़ा पुल आया। दूसरी ओर जम्मू था। कॉलेज भी पास में ही मिला। यह साईंस कॉलेज था व हमें इसी होस्टल जाना था। यहाँ नरोत्तम साम्याल के कुछ मित्र पढते थे। यहाँ जाते ही अशोक प्रगाल से मिले। उसने हमारा स्वागत किया। कुछ ही देर में तो जावेद, जगमोहन, होशियार सिंह, और न जाने कौन कौन थे सबसे परिचय हो गया। अजनबीपन समाप्त होने में समय नहीं लगा।

यहाँ हम 10 बजे पहुँच गए थे नहाये। खाने के समय सभी मिलकर मेस ले गए यहाँ का होस्टल हमारे ही जैसा था, पर चौरस। बीच में फव्वारा व बगीचा/लॉन। तथापि हॉल अच्छा नहीं लगा, गन्दा सा, कोई सजावट नहीं, लंबी लंबी पुरानी सी दो टेबल जिनके चारों ओर जैसी तैसी 50-60 कुर्सियां। पीतल आदि के बर्तन भी पुराने से। सुबह सब्जी कुछ ठीक थी चपातियाँ बड़ी बड़ी व गन्दी सी जिन्हें देखकर मुझे मिलिट्री की पूना में खायी चपाती याद आ गयी। जिन्हें मैंने तीन दिन तक खायी थी। ये अधकची सी व कच्चे आटे से सनी हुई थी। खैर हमें तो यही देखने आना था। पूछने पर ज्ञात हुआ कि यहाँ कॉट्राक्ट भी नहीं था अतः जाहिर हो गया कि यहाँ के लड़के दब्बू किस्म के हैं। हम खाना खाकर वहीं रूम में बातें करते सो गए।

शाम को उठाकर होशियार सिंह व जगमोहन सिंह जम्मू दिखाने पैदल ही ले गए। उन्होंने पूरा शहर अच्छी तरह दिखाया। यहाँ घूम फिरकर जो पाया वह थी आबू की भीनी भीनी

याद। पहाड़ों में बसा हुआ है न। पर यह आबू से कही ज्यादा आधुनिक, अच्छे रोड, दुकाने किसी बड़े शहर की सी। स्वच्छता भी यहाँ ज्यादा लगी। बाज़ार में लड़कियां खूबसूरत, अच्छे कट्स वाली, साफ़ रंग वाली दिखी अतः यह मानना पड़ा कि सुंदरता कश्मीर में अच्छी है। यहाँ काले रंग के दर्शन तो बहुत कम हुए। होशियार सिंह ने बताया कि श्रीनगर में तो इनसे भी ख़ूबसूरत व गोरे रंग की लड़कियां/महिलायें मिलेंगी। रास्ते में एक होटल में चाय पी। जम्मू के बारे में अधिक से अधिक जानकारी लेते रहे। घूमफिर कर रात को होस्टल में खाना वगैरा खाया व सभी 6-7 लड़के मिलकर घूमने निकले। उन्होंने हमारा बिगुल साथ में ले लिया था जो बजने पर सभी को आकर्षित कर लेता था हमारा भी मनोरंजन हो जाता था। किशन,अशोक,जगमोहन, जावेद आगे आगे शोर मचाते चल रहे थे मैं व होशियार सिंह गंभीरता पूर्वक बाते करते हुए पीछे चल रहे थे। हम होस्टल के पीछे वाले सुनसान रास्ते से एक बगीचे में गए जहाँ सम्पूर्ण शांति थी व ट्यूब लाईट्स जल रही थी। मुझे बताया गया कि यदि मैं दो वर्ष निकाल सकूँ तो यहाँ आसानी से पढ़ सकता हूँ अतः एक बार तो सपनों में खो गया। कुछ देर वहीँ बाग में चुटकले व शायरियों का दौर चला। देर तक घूम फिरकर 12 बजे होस्टल आये 1 बजे तक चाय वगैरा पी फिर कल वैष्णव देवी व श्रीनगर जाने की योजना बनाते रहे। ये तय किया कि कल सुबह जल्दी उठकर वैष्णव देवी जायेंगे जो यहाँ से 27 मील है पर सभी का कहना है कि चढाई एकदम सीधी है, देखें कल क्या होता है। अब जल्दी सो जाना चाहिए सुबह चार बजे उठना है।

21

25 सितम्बर 1970 जम्मू

आज सुबह चार बजे उठे हालाँकि देर से सोये थे। तैयार होना चाहां पर अभी तक पानी नहीं आया था। अतः ऐसे ही ठंडक में वैष्णव देवी के लिए निकल पड़े। प्रारंभ से ही चढाई थी।लगभग तीन मील तक चढाई चढते रहे।,अँधेरा घना था, किशन मामूली सा आगे था, तीन मील की इस चढाई में ही हाथ पांव फूल गए। मेरे घुटने का दर्द भी तेज हो उठा। नज़र उठाने पर देखा कि चढाई का अभी अंत नहीं है। हम एक पेट्रोल पम्प पर उतरे। वहीं एक व्यक्ति ने बताया कि वैष्णव देवी साईकिल जाना मुमकिन नहीं है।अभी तो बहुत चढाई बाकी पड़ी है। मेरे हौसले फिर भी बुलुन्द थे पर किशन ने मुझे कुछ और सोचने पर मजबूर कर दिया। उसका तर्क था कि यदि घुटने का दर्द बढ़ गया तो घर लौटने में कठिनाई हो जायेगी। साथ ही हिम्मत कर चले भी गए तो 18 मील के बाद 9 मील तो पुनः आगे पैदल ही चलना पड़ेगा अतः आज ही वापस आने की तो सोच भी नहीं सकते। शाम को देर से तो वहां से लौटने भी नहीं देते। अंतः हमने अपनी वैष्णव देवी जाने की योजना रद्द की व पुनः होस्टल लौट चले। कहीं भी पेडल लगाने की जरूरत नहीं पड़ी व रफ़्तार से नीचे आ गए। वहीं एक होटल पर चाय वगैरा पीकर हम होस्टल पहुँच गए। सभी को आश्चर्य हुआ लेकिन हम भी तो मजबूर थे। आखिर स्नान वगैरा किया व इस तरह आराम कर 11 बज गए। अशोक प्रगाल व हम खाना खाने गए। अब श्रीनगर साईकिल से जाने पर विचार विमर्श शुरू हुआ। पर मेरे इस प्लान को सभी ने गलत बताना प्रारंभ कर दिया। मैं भी अपने घुटनों के दर्द के कारण ज्यादा कुछ कह नहीं सकता था। एक लद्दाखी लड़का मेरे साहस को बढ़ा रहा था पर अन्य सभी हताश कर रहे थे। आखिर यह तय हो गया कि हम साईकिल से श्रीनगर नहीं जा सकते। इधर मैंने सभी को बता दिया कि हम श्रीनगर जाना चाहते हैं यहाँ तक आकर श्रीनगर देखे बिना लौटना मेरे लिए तो बहुत बड़ी बेवकूफी वाली बात थी, जबकि किशन वहीं से लौटने को तैयार था। पूछताछ पर ज्ञात हुआ कि बस से जाने पर किराया रु.11.00 है हमारे कोमन फण्ड में अब कुल रु. 26.00 ही शेष थे। फिर कैसे जायेंगे ?

अशोक व जावेद हमारे अच्छे मित्र बन गए थे अतः वे हमें फ्री पास लाने का विश्वास दिला कर पास लेने चले गए। मैं व किशन इस पर विचार करने लगे कि यदि फ्री पास नहीं मिले तो? किशन का उत्तर था यहीं से लौट चलेंगे। मुझे किशन की रास्ते में की गयी फिजूल खर्ची से पहले ही आशंका थी जो अब हमारे श्रीनगर जाने में बाधा बन गयी। मैंने उसे पहले कभी फिजूल खर्ची से नहीं रोका था ये सोचकर कि कभी इसे खुद को सबक मिलेगा व शर्मिंदा होना पड़ेगा।

आखिर मैंने फिल्मो की तरह नाटक खेलने का विचार बनाया। व किशन को कह दिया कि "मैं कल श्री नगर जाऊँगा"

उसने पूछा "कैसे"

"कैसे भी जाऊं,, तुम जो पैसे तुम्हारे पास हैं उसमे से आधे मुझे दे दो बस।"

"पर सोच सुभाष ,हमारी समस्या कैसी है, अच्छा बता तू कैसे जायेगा"

"मैं कैसे भी जाऊं, बस तुम तब तक यहाँ रुकना मैं जाकर आ जाऊं ,फिर दोनों साथ साथ चल पड़ेंगे "

मेरी बातें सुनकर उसे आश्चर्य हुआ, एक बार तो लगा कि मैं पागल हो गया हूँ, उसका चेहरा लटक गया। अब मैंने उससे शिकायते प्रारंभ कर दी। उसे फिजूल खर्ची पर भाषण दे दिया, फिर् यह कहकर चुप हो गया कि यदि अब तुम यहाँ रुकना न चाहो तो धीरे धीरे लौट जाओ, मैं दो तीन दिन बाद यहाँ से चलकर तुम्हे अमृतसर तक वापस पकड़ लूँगा। किशन का तर्क था कि क्या तुम अपने पार्टनर को अंत में धोखा देना चाहते हो। पर इस बात से मेरे दिल में कुछ भी हलचल पैदा नहीं हुई। मैं सिर्फ उसके चेहरे को देखकर उसके मन का दर्द महसूस करता रहा। जब मैंने पाया कि अब वह बहुत ज्यादा परेशानी अनुभव कर रहा है मैंने उससे नरमी से कहा –"अच्छा चल अभी तो उठ, थोडा बाहर घूम कर आते हैं, बाकी बातें बाद में करेंगे" यह कहते हुए मेरी आँखों में आंसू उमड़ आये। आखिर वह साथ हो लिया।

दोनों साथ साथ चुपचाप चलते रहे, मैंने वैसे ही इधर उधर की बातें प्रारंभ की, मेरे मन में विशेष हलचल नहीं थी पर किशन का हृदय डावांडोल था। उसके मष्तिष्क पर तनाव था।

एक होटल पर मैं उसे अंदर ले गया व दो चाय का आर्डर दिया फिर किशन को बोला "कल हम दोनों श्रीनगर जा रहे हैं, मेरे पास अभी रु.75 हैं जो कि हमें श्रीनगर तक जाकर आने में पर्याप्त हैं।"

"क्या सच"

"किशन तुम्हारे लिए यह कहना आसान था कि तुम अपने पार्टनर को धोखा दे रहे हो, पर तुमने कहने से पहले मुझे परखा नहीं। तुम्हे याद है आशा ने तुमसे क्या कहा था "

किशन का हृदय बल्लियों उछलने लगा था फिर उसने अपनी गलतियों को स्वीकार किया, उसकी तूफान सी समस्या एकदम शांत हों गयी। उसके चेहरे पर हंसी व मेरे चेहरे पर विश्वास व दूरदर्शिता के गर्व की छाप थी। दोनों पार्टनर के हाथ बढे, मिले, फिर मिले ही रहे।

आज किशन ने पहली बार मेरी भावनाओं को समझा व मुझे इज्ज़त दी। आखिर दोनों मित्रों की श्रीनगर जाने की समस्या जो मिट गयी थी। हम होस्टल आकर तैयार हुए व बस स्टेंड जाकर श्रीनगर की बसों के लिए पूछताछ की। वही तीन अन्य लड़कों सुभाष सांगडा ,धर्मवीर आदि से मुलाकात हुई, वे हमें साईकिल टूरिस्ट जानकर बड़े खुश हुए व अपने घर चलने को आमंत्रित किया। हमने लौटते हुए आना स्वीकार किया व घर के पते वगैरा लिए। सुभाष सांगडा ने श्रीनगर में भी अपनी भुआ का पता दिया। श्रीनगर यहाँ से 200 मील दूर है, बसें सुबह 6-7 बजे के आसपास रवाना होती है व शाम को सात आठ बजे पहुंचती हैं। कई बसे एक साथ रवाना होती हैं रास्ते में दो तीन बड़े बड़े कसबे आते हैं कभी कभी बस को रातभर रास्ते में भी रुकना पड़ सकता है डिलक्स बस का किगया रु.15.00 व साधारण का रु.11.00। आजकल भीड़ नहीं होने से आरक्षण की जरूरत नहीं थी। जानकारियां लेकर हम होस्टल आये व किशन की इच्छानुसार दूध पीने बाज़ार गए। अभी जावेद ने आकर बताया कि उसके 270 रु सिनेमा हॉल में खो गए हैं, इसका मेरे मन में बहुत दुःख है। लेकिन सिवाय दुःख के और कर भी क्या सकते हैं।

अब हम फ्री महसूस कर रहे हैं। किशन वगैरा बाहर बैठकर बातें कर रहे हैं व मैं रूम में डायरी लिखता जा रहा हूँ व श्रीनगर देख पाने की उमंग में डूबा हुआ हूँ। आज मैं व किशन जावेद के रूम में ही सो रहे हैं। हम साईकिलें यहीं छोड़कर व गैर जरूरत का सामान यहीं छोड़कर दो बैग में अपना सामान ले जायेंगे। ईश्वर हमारी मदद करे।

22

26 सितम्बर 1970
श्रीनगर

प्रातः 4 बजे उठकर तैयार होकर सुबह 6 बजे बस स्टेंड गए। हम बस की टिकिट खरीदने जा ही रहे थे कि एक टेक्सी वाले ने बुलाकर रु 15 में टेक्सी में चलने का अनुरोध किया। मैंने उसे रु 11 बोले तो वह मान गया, मुझे बड़ी खुशी हुई कि बस के बजाय टेक्सी में आराम से जाने को मिल रहा है। फिर टेक्सी ड्राईवर ने यह भी बताया कि हम शाम के 4 बजे तक ही पहुँच जायेंगे।

उसने दो पैसेंजर और तैयार किये दोनों ही लड़के थे हम चारों कार में बैठकर श्रीनगर के लिए रवाना हो गए। मन में से सभी गम समाप्त हो गए थे व श्रीनगर पहुँचने की उत्सुकता बढ़ गयी थी। मैंने खिड़की पर ही बैठ व हल्की सर्दी के बावजूद कांच के शीशे उतार दिए।

कुछ ही देर में तो चढाई प्रारंभ हो गयी, पहाडो पर चढ़ते चढ़ते आबू के रोड याद आने लगे, वे रोड भी लगभग इसी तरह के हैं।

बीच बीच में कसबे आते जाते थे मेरी निगाहें बाहर दूर दूर तक भटक रही थी, न जाने क्या खोज रही थी, प्रकृति के दृश्यों का आनंद ले रही थी, रास्ते में लगे बोर्ड पढ़ती जा रही थी और कार शांतिपूर्वक आगे बढ़ रही थी। हम श्री नगर के बारे में पूछताछ करते चल रहे थे।एक जगह चाय वगैरा पी, देखते ही देखते पत्नी टॉप पहाड की चोटी पर पहुँच गए। काफी लंबा रास्ता पार कर लिया। लगभग 30 मील तक चढाई ही चढाई आई। रास्ते में कई जगह फोटो लेने की इच्छा हुई पर कैमेरा भी खराब हो गया था।पत्नी टॉप के दूसरी ओर ढलाव शुरू हों गया , ऊँचे ऊँचे चीड के पेड़ों ने पूरे पहाड को ढक रखा था उनके बीच में बलखाता खतरनाक रोड। लगातार 18 मील का तीखा ढलाव, व रास्ता भी कम चौड़ा था। ड्राईवर प्रेमसिंह गाडी को बड़ी कुशलता पूर्वक चला रहा था, मिलिट्री के ट्रकों की भरमार थी, पत्नी टॉप के दूसरी ओर बने भवन व कस्बे अच्छे लग रहे थे, पत्नि टॉप समाप्त होते होते तो दूर नीले नीले पर्वत नजर आने लगे थे। उनपर आकाश का सा हल्का हल्का नीलापन, कहीं कहीं छितराए हुए बादल व चोटी का सफ़ेद बर्फ से ढका होना सभी बहुत अच्छा लग रहा था।

पत्नी टॉप के बाद एक पर्वत और पार किया, उसके बाद हम उस पहाड पर आ पहुंचे जिसके चरणों को छूती हुई चिनाब नदी बहती है। उपर हमारा रोड, नीचे तेज बहती चिनाब, ऊँचे ऊँचे पहाड। रोड की बनावट बहुत अच्छी थी। रास्ते में जगह जगह छोटे छोटे पुल आये जहाँ मिलिटरी का पहरा रहता था। पुल से एक समय में एक ही गाडी एक ही ओर जाने दी जाती थी।

लगभग 100 मील आने पर हमारी गाड़ी का एक बोल्ट गिर गया अतः कुछ देर रुकना पड़ा व ड्राईवर ने उसे अपनी बुद्धिमानी से ठीक कर लिया। हमने अब तक न जाने कितनी ही गाड़ियों व ट्रकों को ओवरटेक कर लिया था। रास्ते में कई जगह भेड़ बकरियां भी मिली, उन्हें चराते हुए कश्मीरी ग्वाले, स्त्रियों व पुरुषों के परिधान बिलकुल फिल्मो जैसे लग रहे थे। ऐसा लगता था ये सब पहले देख चुके हैं।

आगे एक पहाड से दूसरे पर जाने के लिए चिनाब पर भी पुल पार करना पड़ा, ये द्रश्य तो और भी निखरे से लगे, पहाड़ों पर सीढीनुमा चावल के खेत, कहीं कहीं बने मकान, चौड़ी होती चिनाब नदी, ट्रकों की लाइन ,मिलिट्री ट्रकों की कतार, ऐसे ही प्रतिदिन 250-300 ट्रक गुजरते हैं जिनसे लंबे समय तक रास्ता भी रुक जाता है।

उधमपुर पहुँच कर हमने एक होटल में नाश्ता किया, चिनाब नदी पार करते ही फिर से चढाई शुरू हो गयी। उधमपुर क़स्बा भी अच्छा ही लगा। अबतक हम अपने सहयात्रियों से व ड्राईवर से जान पहचान बढ़ा चुके थे। यहाँ से श्री नगर 90 मील और था। यहाँ से एक सरदार यात्री और बढ़ गया जो कि ड्राईवर का पहचान वाला था। बातों से मालूम हुआ कि इसकी गुलमर्ग में एक होटल भी है

30 मील चलने के बाद हम एक और पहाड की चोटी पर पहुंचे। जहाँ अब भी काम चल रहा था, सामने ही दो बड़ी बड़ी टनल नजर आई। हमारे चारों ओर पहाड ही पहाड, टनल के सामने ही अच्छा मैदान था व मिलिट्री के केबिन थे, आज सिर्फ एक ही टनल चालू थी अतः हमारी गाड़ी को रुकना पड़ा। टनल में अँधेरा ही अँधेरा, धुंध सी लगती थी, जिनमे सिग्नल के लाल हरे बल्ब। बाजू में पैदल चलने वालों के लिए फुटपाथ भी था। टनल में गाड़ी का होर्न तेज गूंजता था। अंदर ठंडक थी व पानी बह रहा था।

टनल पार करने के बाद वातावरण में थोड़ी सी शीतलता का आभास हुआ, पर विशेष नहीं। अभी दिन के 1.30 हुए थे। यहाँ से आगे देखने पर बहुत लंबे लंबे मैदान नजर आने लगे, सामने पहाड बिलकुल नहीं थे। हमें लगा जैसे बस ये अंतिम पर्वत है। रास्ता यहाँ चौड़ा था, व लगभग वैसा ही आभास हुआ जैसा माउंट आबू (राजस्थान) से आबूरोड उतरने पर होता था।

देखते ही देखते प्लेन मैदान में आ गए। मैदान दूर दूर तक हरे भरे थे जैसे हरी मखमल बिछा रखी हो। पहाड की तलहटी पर एक होटल पर रूककर हम सभी ने खाना खाया। खाने के भाव कुछ ज्यादा लगे।

यहाँ से तो मैदान ही था दोनों ओर चीड व चीनार के ऊँचे ऊँचे पेड। यहीं पतझड़ का आभास होने लगा पेड़ों से पत्ते झड़ रहे थे।

20-25 मील का ये सफर पार करने के बाद हम श्री नगर शहर में प्रविष्ट हुए। वहां के लकड़ी के मकान, उनकी बनावट, ढलुवा छते, उनके आसपास लगे चीड चीनार के वृक्ष सड़क पर बिछे सूखे पत्ते, पेड पर लगे हरे पीले पत्ते, सभी बहुत ही शोभायमान लगे।

शहर में अंदर जाने के पश्चात् तो वह आम शहरों सा लगा, चहल पहल अवश्य थी बाज़ार सुन्दर लग रहा था, इसे ही लाल चौक कहते हैं, दो दो मंजिलों के मकान, व उनकी अनोखी बनावट, यहीं पर ड्राईवर ने हमें उतार दिया। सभी सहयात्रियों से पते लेकर हम अपने रहने का प्रबंध करने चल दिए। इस समय शाम के चार बजे थे, तेज हवा चल रही थी व सूखे पत्ते उड़ रहे थे।

जम्मू से जावेद ने बिस्कु स्कूल का पता दिया था पर वहां प्रबंध न हो सका, अतः मैं व किशन श्री कॉल से मिलने गए जिनका पता जीजी ने जयपुर में दिया था, उनकी दुकान सेन्ट्रल मार्केट में थी। यह मार्केट एक प्रकार का बगीचा ही था, जिसके चारो ओर दुकाने थी, वहीं बगीचे की घास पर बैठे बैठे हमने बातें की। चाय नाश्ता किया। उसने घर पर ही रुकने का प्रस्ताव दिया पर उनका घर यहाँ से सात मील दूर था अतः मैंने उचित नहीं समझा। बताया गया कि कॉलेज में भी सभी मुस्लिम है अतः वहां जाना भी उचित नहीं है अतः हमने धर्मशाला में ही रुकने का प्लान बनाया। हमने काफी सोच विचार कर गुरुद्वारा की धर्मशाला में ही रुकना तय किया, क्योंकि दिनभर तो हमें बाहर ही घूमना था। इस धर्मशाला को अन्य से ज्यादा अच्छा बताया गया था। इसकी स्थिति लाल चौक में ही थी अतः बहुत ही उत्तम जगह लगी। इसके बाजु से झेलम नदी बहती है। जिस पर लकड़ी का पुल बना हुआ है, नीचे पुराने शिकारे खड़े थे। प्राकृतिक द्रश्य सभी सुन्दर लग रहे थे।

नहा धोकर हम बाज़ार घूमने निकले। मौसम में हल्की ठंडक थी वहीं एक जगह होटल में हमने खाना खाया।अब घूम फिरकर वापिस धर्मशाला आये हैं, रात के साढे नौ बज गए हैं ठंडक बढ़ गयी है। गुरूद्वारे में 1 रु. में एक गद्दा, व एक मोटी रजाई मिली है वैसे खुशी है कि ये बिलकुल स्वच्छ हैं। अब दोनों ही सो रहे हैं। मेरे मन में आज एक अलग ही टीस है। क्यों?

23

26.9.1970 श्रीनगर

मेरी जिंदगी क्या है? एक हवा का झोंका, बहता हुआ, बहता रहता है, कभी इधर कभी उधर, कभी कहीं चोट खाता है, टकराता है-किसी चट्टान से ,, किसी पेड़ से, पहाड़ से, नदी से ,कभी बिखरता है कभी एकत्रित होता है। पर चलता रहता है इसी आशा के साथ कि कभी तो किसी कोमल फूल का भी स्पर्श मिलेगा, जब मुझमे सुगंध भर जायेगी, ...पर... पर.... वह तो एकमात्र कल्पना है। न जाने वास्तविकता क्या होगी। किसी चमन में गुजरने से पहले ही कहीं किसी मौत का साया न पड़ जाए।

उफ़, कितना गम मिला है। कभी जबरन हँसता हूँ, और हंसते हंसते अचानक भूल जाता हूँ जब इस अनोखी दुनियां के अजीब चेहरे आँखों में घूमने लगते हैं। ....मुझे आज क्या हो रहा है?

जो भी मिला एक गम दे गया, जो मिलता है गम देता है और मैं पागल सा गम खरीदता रहता हूँ। लोग मेरी भावनाएँ नहीं समझ सके, समझ भी नहीं सकते। मन में कभी कभी एक बगावत सी पैदा होती है, एक कोलाहल उठता है हलचल होने लगती है मन तड़पने लगता है ऐसा लगने लगता है जैसे मैं संतुष्ट नहीं हूँ, प्यासा हूँ। मुझे संतोष मिल भी नहीं सकता। तब मैं बेवकूफ हूँ। मैं जबरन सीखना चाहता हूँ कि मैं संतुष्ट हूँ। पर क्या बार बार इतना सा लिखने से मैं संतुष्ट हों सकूंगा। अपने आपको बार बार सन्तुष्ट मानने का कुछ भी अभिप्राय होगा......?

कितनी अजीब जिंदगी है, आज हरे भरे कश्मीर में हूँ, श्री नगर की चहल पहल में हूँ, हजारों हंसी से भरे चेहरों के बीच हूँ फिर भी मन में टीस है, जल रहा हूँ, अपने आपको अकेला पा रहा हूँ। फिर मन में इतने सारे गम हैं बेचारे बटाने वाले क्या क्या बटाएं। बंटवारा वह भी गमो का ?

ऐसे में हेम की याद कितनी भयानक होती है। वह भी बेचारी सोचती होगी कि मैंने सुभाष को गम दिया है उसे क्या मालूम मैं वैसे ही ढेर सारे गम पाले बैठा हूँ। पर धैर्य ही तो मेरी सबसे बड़ी संपत्ति है। प्रभु इसे मुझसे न छीनो। मुझे आशीर्वाद दो।

24

27.9.1970 श्रीनगर

आज प्रातः कितने बजे उठ पाया यह तो मालूम नहीं है, रात को सोने का समय भी नहीं मालूम पर जब सोया था मन कुछ अशांत था, मन में बड़ी टीस थी, प्यास थी व हजारों दर्द थे, जिसकी प्रतिक्रिया डायरी के पन्ने पर उतार कर शांत होना चाहा था। रात को भी न जाने क्यों बड़े अजीब अजीब स्वप्न आते रहे, मन में दर्द लेकर सोया था पर जब जाग हुई तो मुझे याद आया जैसे अभी अभी मेरी शादी हुई है मेरी बाँहों में दुल्हन है.....कैसी मानसिक दुर्बलता है। बड़ा गुस्सा आया। न जाने अचेतन मन क्या क्या सोच लेता है।

इस समय धर्मशाला में बैठा लिख रहा हूँ। आज मन कुछ अशांत है। किसी की दुखदायी याद तड़पाना चाहती है पर मैं प्रसन्न रहना चाहता हूँ। मुझे लग रहा है जैसे मुझे किसी साथी की सख्त जरूरत है जो मेरा हमदर्द बन सके, मेरे दर्दों को मिटा सके व मेरी मानसिक यातनाओं को बिखरा दे। पर कौन होगा......?

बर्फ सा ठंडा पानी देखकर आज सुबह नहाने की इच्छा न बना सका। वैसे मुझे यहाँ ज्यादा सर्दी महसूस नहीं हो रही है न जाने क्यों लोग कोट, टॉप स्वेटर आदि पहने घूम रहे हैं। मैं तो एक शर्ट में भी विशेष सर्दी महसूस नहीं कर रहा हूँ।

तैयार होकर सबसे पहले हम जम्मू के सुभाष सांगडा द्वारा दिए पते पर मिलने गए। काफी गन्दी गलियों से गुजरना पड़ा, मकान भी पुराने पुराने से थे, मकानों में खिड़कियाँ बहुत हैं जिनमे से इन गन्दी गलियों में भी ख़ूबसूरत लड़कियों को झांकते पाया। जब थक गए तब कही रघुनाथ मंदिर आया....वहां जगन्नाथ रैना का मकान ढूँढने में थोडा समय लगा। सुभाष का पत्र पढकर स्वाभाविक था वे हमारा स्वागत करते। यहाँ के लकड़ी के मकान बनाने का तरीका अनोखा ही है। ऊपर एक बड़ा कमरा, जिस पर दरी बिछी हुई थी, हम वहीँ बैठे। वहीँ एक अध्यापक दसवीं की दो लड़कियों को पढ़ा रहां था जो कि गंदे पहनावे में भी ख़ूबसूरत लग रही थी। उन्होंने कम्बल के से कपडे का ढीला ढीला चोगा पहन रखा था। वे जान चुके थे कि हम साईकिल टूरिस्ट हैं। वे पढ़ने में मशगूल थीं। रैना ने हमें चाय बिस्कुट ऑफर किये। बिस्कुट फीके से सूखी नान खटाई जैसे थे। मुझे अच्छा लगा कि चलो एक परिवार का जीवन

भी जानने का अवसर मिला।

रात को हमने अखरोट व सेब ख़रीदे अतः किशन के चने के प्रस्ताव को टालना पड़ा। मुझे पैसों की मितव्ययिता का ध्यान था। किशन को जम्मू में समझाने के बावजूद भी उसके खर्च में कोई कमी नहीं आई है अतः गुरूद्वारे पहुँचने से पहले मैंने उसपर जिम्मेदारी डालने की योजना सोची। मुझे लग रहा था कि दूसरों के ज्यादा से ज्यादा पैसे ये खर्च कराना चाहता है। मैंने गुरूद्वारे पहुँच कर सभी पैसे उसके पास व मेरे पास मिलाकर आधे आधे कर दिये व बता दिया कि अब तुम्हे तुम्हारे पैसे के साथ अजमेर तक जाना है। तुम जैसे भी चाहो खर्च करो। यही बेहतर है कि हम अब अमेरिकन तरीके से चलें। इससे हमारी मित्रता पर कोई आंच नहीं आनी चाहिए बल्कि ज्यादा दृढ बननी चाहिए। खैर उसने मेरी बातें स्वीकार कर ली हैं।

दोनों ने बैठकर हारवन जाने का विचार बनाया।

हारवन

हारवन यहाँ से 6 मील दूर है व एक अच्छा पिकनिक स्थल है। बस किराया 35 पैसे है। पास ही एक छोटा सा पर्वत है, बगीचा बना हुआ है जिसमे चीड के पेड हैं। बगीचे के पीछे की ओर एक छोटा तालाब है। दृश्य अच्छा था पर अकेलेपन के एहसास ने मन में प्रसन्नता भरने न दी। हाँ जाते वक्त रास्ते में बस की खिडकी से झेलम नदी बड़ी अच्छी लग रही थी। बस में दो तीन मद्रासी इंजिनियरस से बातें हुई। वे हिंदी नहीं जानते थे। पर उनका कहना था कि यहाँ हिंदू बिलकुल नहीं है। उनका विचार था कि हिंदू तो माथे पर चन्दन का बड़ा सा तिलक लगाते हैं यहाँ तो कोई ऐसा नजर नहीं आता। भारत की संस्कृति व देवता के प्रति उन्हें बहुत विश्वास था, तब मैंने उन्हें बताया कि यहाँ हिंदू हैं ये बात और है कि आपकी तरह माथे पर तिलक हमेशा लगाये नहीं रहते। हम लोगों में इस प्रकार से धर्म पर बहुत बाते हुई। मेरी बातों से वे प्रभावित हुए।

हारवन से हम वापस शालीमार आये, शालीमार एक बड़ा सारा ख़ूबसूरत बगीचा है। यहाँ एक से एक ख़ूबसूरत लड़कियां देखने को मिली। कोई गुजराती थी कोई लद्दाखी , कोई कश्मीरी। सच कहूँ तो शादी शुदा जोड़ों को घूमते देखकर मन में एक अजीब बैचेनी जाग गयी व अकेलापन बढ़ गया।

शालीमार से निशात बाग आये।

यहाँ मुझे अकेले घूमने में अच्छा लगा। यहाँ बहुत सारे फूल खिले हुए थे, क्यारियां व लॉन बड़े अच्छे थे। बहुत बड़ा बगीचा है। शाही उपवन। बीच में पानी बहता है व फव्वारे चलते हैं। आज रविवार था अतः आज सारे फव्वारे चालू किये गए थे। पानी बगीचे के पीछे से बहकर आता है बीच में एक दो जगह झरने के रूप में गिरता है।

निशात में एक कॉलेज ग्रुप से मुलाकात हुई, ये भटिंडा कॉलेज के थे सभी सरदार, ये सभी गीत, फ़िल्मी गाने व शायरियों का मजा लूट रहे थे हम भी इनमे शामिल हो गए। काफी देर तक इनके साथ बैठे रहे फिर विदा लेकर चश्मेशाही के लिए चल दिये।

चश्मेशाही के लिए मुख्य रोड से डेढ़ मील चलना पड़ता है, रास्ते में सेव व नाग के बगीचे आये जो कि रोड के दोनों ओर थे कुछ आगे एक बगीचे में रोड के नजदीक एक पेड नागों से लदा पड़ा था। चारों ओर तार लगे थे पर नाग तोडना मुश्किल नहीं था। दो तीन लड़कों को नाग तोड़ते देख किशन ने मुझे भी प्रेरित किया पर मेरे ना कहने से हम आगे चलते रहे। चलते चलते दो अन्य लड़कों से, जो कि यहीं के थे मुलाकात हुई, चश्मेशाही एक टेकरी पर बना छोटा सा गार्डेन है जहाँ आबू के गौमुख के सामान ही झरना बहता है, इस झरने का पानी बहुत ही ठंडा है यहाँ से झेलम नदी का दृश्य बहुत सुन्दर लगता है। मैंने यहां दो फोटो लिए। कुछ देर यहाँ बैठकर हम चारों वापस शहर लौट चले। साईकिल उन दो की थी व चलने वाले हम दो। साईकिल में ब्रेक भी अच्छे नहीं थे। जबकि ढलान अधिक था।इस बार नाग चुराने में किशन के साथ वे दो लड़के और थे। आखिर उन्होंने वहाँ से नाग चुराकर जेबें भरी फिर आगे बढे। मुझे बचपन के वे दिन याद आये जब हम खेतों में आड़ू व मटर चुराते थे, पर अब मन की भावनाएँ कितनी बदल गयी थी खैर फिर भी हमने चोरी तो अब भी कर ही ली थी।

शाम के पांच बज गए थे धूप ढल रही थी। हम भी श्री नगर पहुंचे, तरोताजा हुए व फिर प्रदर्शनी देखने चले गए ,जहाँ चार आने का टिकट था। मुझे आबू का वह दिन याद आया जब में गर्मी में मेले में खेल के स्टाल लगता था। उसी तरह के जगह जगह जुए के खेल चल रहे थे व लोगों की भीड़ अपनी तरह से मनोरंजन कर रही थी।आगे चलकर एक खुले रेस्टोरेंट में हमें फिर वही भटिंडा कॉलेज के दोनों लेक्चरर मिले जो कि काफी सज्जन व सभ्य व्यक्ति थे। हमसे मिलकर उन्हें प्रसन्नता हुई व साथ बैठकर हमने कॉफ़ी पी। उनसे श्रीनगर के विषय में व सिक्खो के धर्म के बारे में बहुत सी बातें हुई। भारतीय संस्कृति के हम चारों ही समर्थक थे। उन्ही के साथ बाते करते उनके ठहरने के स्थान पर गए, फिर बातें व खाना भी उन्ही के साथ। दाल बहुत स्वादिष्ट बनी थी।

श्रीनगर एक छोटे शहर की तरह है जिसके बीच में झेलम नदी बहती है, जो कि शहर में ज्यादा चौड़ी नहीं है। मुझे इसका पानी बड़ा गन्दा लगा, हाँ आगे चौड़े मैदान में इसका रूप निखरा हुआ है। शहर में इसपर जगह जगह लकड़ी के पुल बने हुए हैं जो कि लकड़ी ,बांस आदि के बने हुए हैं। बाज़ार में लालचौक का एरिया अच्छा है गलियां वगैरा गन्दी हैं प्रत्येक वस्तु महँगी है लोग मिलनसार नजर नहीं आते। यहाँ जिसके पास पैसा है उसी की जिंदगी है।

25

28 सितम्बर 1970

सुबह 6 बजे उठकर तैयार हुए। रात को यहीं एक सरदार से और भेंट हों गयी उसे भी गुलमर्ग जाना था। वह रात को ही गुलमर्ग का रिटर्न टिकट ले आया था अतः हम भी उसके साथ टूरिस्ट सेंटर गए जो कि एक मील दूर था, पर टिकिट नहीं मिला। सरकारी बस में रिटर्न टिकिट रु 4 का था। हम वहां से प्राईवेट बस स्टेंड गए। दो मील और चलना पड़ा पर वहां रु.1.40 में टिकट मिल गया। मुझे सरकारी व निजी बस के किराये में यह अंतर देखकर बहुत आश्चर्य हुआ। हमने वहीं स्टेशन पर चाय नाश्ता किया।

गाड़ी में बोरियत हुई पर रास्ता अच्छा लगा। बीच बीच में गांव आये, सभी राजस्थान के गांवों से अलग से लगे। रास्ते में पहाड़ी इलाके अच्छे आये। बस टनमर्ग पर उतार देती है यहाँ से पहाड की सीधी चढाई चढनी पड़ती है। ऊँचे ऊँचे चीड के पेड़ों में से होकर गुजरना पड़ता है। टट्टुओं के लिए अलग ही पगडण्डी बनी है पर वह रास्ता लंबा पड़ता है। मैं पहाड़ों पर चढ़ने का अभ्यस्त था ही। चढाई लगभग ढाई मील की। मेरे मन में न जाने कैसा जोश था, अकेले ही तेजी से चढ़ता गया व एक एक कर न जाने कितने ही व्यक्तिओं को पीछे कर दिखाया। किशन को भी यह बता दिया कि मैं उससे ज्यादा शारीरिक कार्य कर सकता हूँ। इस तरह उसके विश्वास को ठेस लगी।

पहाड की चोटी पर पहुंचते ही दूसरी ओर गुलमर्ग है।

एक ही झलक में वहां के दृश्यों ने मन मोह लिया। लंबा सारा ऊँचा नीचा मैदान जो कि हरी भरी मखमल सी घास से ढका हुआ था। अबतक के सभी दृश्यों ने "जब जब फूल खिले" फिल्म के सभी दृश्यों की याद ताज़ा कर दी। मेरी आँखों के सामने शशि कपूर व नंदा का घूमना फिरना व प्यार में खोये रहना याद आता रहा। पूरी फिल्म की कहानी मस्तिष्क में घूम गयी

लकडियों की बनी होटल। सामने सीधे मैदान में एक हेलिकॉप्टर खड़ा था। हम भी उन्ही हरी भरी भूमि पर चलते रहे व एक टीले पर जा बैठे।किशन ने अब तक दो अन्य मित्र बना लिए थे।

मैं चाय पीने के लिए गया इसी दौरान किशन वहां से उठकर खिलनमर्ग के लिए चला गया। मैं अकेला रह गया, यही मैं चाहता भी था। मैं यहाँ शांति पाना चाहता था। भूख लग रही थी अतः एक होटल में खाना खाया फिर चाय पी। उसके बाद देर तक एक सीट पर अकेला बैठा रहा व वहां आते जाते स्त्री पुरुषों को देखता हुआ अपनी दुनिया में खोया रहा। यहाँ बहुत सारे लोग घूमने आते हैं,कॉलेज के लड़के लड़कियों की टोलियाँ, नए नए शादीशुदा जोड़े, सभी हंसते खेलते घूम रहे थे। कोई गोल्फ खेल रहा था कोई घोड़े पर घूम रहा था अच्छा खासा मेला लगा हुआ था सब अजीब अजीब परिधान व फैशन में घूम रहे थे। सच पूछो तो मुझे इन्हें देखकर इर्ष्या सी होने लगी।आखिर मन न माना और उठकर अकेला एक ओर घूमने निकल गया। हेम की यादें प्रारंभ हो गयी थी। यादें तो कुछ भी नहीं थी स्वपन ज्यादा थे। कुछ भी था, मन में प्यास थी।

बाद में वही सरदार फिर मिल गया जो हमारे साथ चला था। उसके साथ मैं इधर उधर बहुत घूमा, मैंने खिलनमर्ग जाने में कोई ज्यादा फायदा नहीं समझा था करीब एक दो घंटे उससे बातें करने के बाद हम फिर भीड़ में पहुंचे, वह तो वापिस चला गया। मैं फिर एक टीले पर जा बैठा और बैठा रहा अपने में तल्लीन....सोचता रहा ...प्रकृति का रूप निहारता रहा...तब तक जब तक किशन खिलनमर्ग से लौट न आया। किशन ने बताया कि खिलनमर्ग में खाना वगैरा बहुत महंगा मिला जबकि मैं गुलनमर्ग ही महंगा समझ रहा था। एक रूपये का परांठा, पचास पैसे की चाय व सवा रुपये का कोकाकोला, इससे भी ज्यादा महंगाई क्या होगी।

धीरे धीरे शाम हो गयी थी, यहाँ ठंडक बढ़ गयी थी। हमने वहां चाय वगैरा पी फिर टनमर्ग होते हुए बस से श्रीनगर धर्मशाला आये व फ्रेश हुए। आज खाना खाने का बिलकुल भी मूड नहीं था। कल सुबह भटिंडा वाले जाने वाले थे अतः उनसे मिलने गए, उन्होंने बड़ा अच्छा व्यवहार व मनोरंजन किया। जबरन थोडा सा खाना खाना पड़ा।

26

29 सितम्बर 1970 श्रीनगर

कल जगदीश फाईनेंसर से मुलाकात हुई थी, उसने हमें जम्मू तक ट्रक में भेजने की सुविधा के लिए कह दिया था, हम भी आज ही यहाँ से निकलना चाहते थे क्योंकि मैं यहाँ बहुत ज्यादा परेशानी अनुभव कर रहा था। जगदीश जी से 11 बजे मिलना था तभी उनके टेंकर जाते हैं तब तक हम नहा धोकर वहीं धर्मशाला में बैठे रहे। वहीं यू.पी. के एक सज्जन से मुलाकात हुई। किशन एक ओर बैठकर डायरी लिख रहा था। वह सज्जन हमसे परिचित होकर हममे बड़ी रूचि ले रहे थे। और जब उन्होंने जाना कि मैं भी अगरवाल हूँ तो मुझे बेटे का संबोधन दिया। हमने उसे अपने अनुभवों के विषय में बताया। अंत में उन्होंने हमारी सेवा करने का मौका चाहा, वे चाहते थे कि हम उनके साथ ही खाना खाएं पर न जाने क्यों मैंने अस्वीकार कर दिया। वो निराश तो हुए।

कुछ देर बाद एक एक कर मैं व किशन नीचे आ गए हमने साथ साथ चाय पी, पोस्ट खरीदी फिर सूचना केंद्र चले गए। वहां बैठकर मैंने अर्जुन, आशा, उर्मिला, सुरेश व संपत को पत्र लिखे।

12 बज गए थे अतः हम जगदीशजी की ऑफिस आये। जगदीश जी ने फोन पर पूछताछ कर बताया कि ट्रक 2 घंटे बाद जायेगा। अतः हमने खाना वगैरा खाकर गुरूद्वारे में अपना सामान पैक किया। अब तो बस टैंकर का ही इंतज़ार था। इसी बीच अजीत सिंह सरदार मिला जिसने हमें होटल ले जाकर फिर चाय नाश्ता कराया।

बहुत इंतज़ार के बाद तीन बजे पहला ट्रक आया। किशन उसमे बैठकर जम्मू चला गया, क्योंकि एक टैंकर में एक ही व्यक्ति बैठ सकता था व किशन पहले यहाँ से जाना चाहता था। मैं वहीं दूसरे टैंकर की प्रतीक्षा में अकेला रह गया।

शाम को 6.30 बजे तक इंतज़ार करने के पश्चात् भी टैंकर नहीं आया तो गुरूद्वारे चला गया जहाँ वही यू.पी. के सज्जन मिले। काफी समय तक उनसे बात चली उन्होंने चाय वगैरा बनायीं, गिलास भरकर मुझे भी दी जिसे मैं बड़ी मुश्किल से पी सका।

शाम को बाज़ार में घूमने निकल गया पर शीघ्र ही वापस आ गया व धर्मशाला के झरोखे में बैठकर नीचे की चहल पहल देखता रहा, मन अशांत रहा।

कुछ देर बाद सरदार (राजेंद्र) मिल गया, उसने साथ घूमने चलने की इच्छा जताई, मैं बहुत ज्यादा अशांत था व कहीं जाने की इच्छा नहीं थी पर फिर उसकी प्रार्थना टाल भी नहीं सका। हम दोनों प्रदर्शनी में चले गए वहां ड्रीम शो देखने घुस गए। शो में कुछ भी विशेष नहीं था कुछ लड़के व लड़कियां खुले आम दर्शकों की वासना भड़काने का प्रयत्न कर रहे थे, मुझे बहुत ही भद्दा लगा आम जनता गन्दी हरकतों पर उत्साहित होकर चीख रही थी राजेन्द्र भी उत्साहित सा था पर मुझे ग़मगीन बैठा देखकर वह कुछ बोल न पाया।

करीब 10 बजे शो समाप्त हुआ तब उसने मेरी प्रतिक्रिया ज्ञात करनी चाही, मैंने उसे वासना के इस सस्ते प्रदर्शन पर जो क्रोध दर्शाया वह समझ गया कि वह इस मामले में एक गलत व्यक्ति के साथ है मैंने उसे ब्रह्मचर्य का पाठ पढ़ा दिया। अब धर्मशाला आकर दोनों सोने की तैयारी में हैं।

27

30 सितम्बर 1970 प्रातः 11 बजे

रात को निद्रा देवी ने न जाने कब मुझे अपनी बाँहों में समेटा था पर शायद काफी देर तक जीवन की अनजान राहों के विषय में सोचता रहा था। सुबह उठकर जब झरोखे में आया तभी सामने वाली होटल में एक लड़की बैठी हुई दिखी, उसकी शारीरिक बनावट हेम से बिलकुल मिल रही थी बाल बिखरे हुए थे। मैं काफी देर तक इसी विषय पर सोचता रहा कि क्या हेम का अभी यहाँ होना संभव है। उसके क्रियाकलाप मेरी आँखों में तैरने लगे।

कल रात जगदीश जी ने मुझे जम्मू भेजने का पक्का आश्वासन दिया था अतः मैंने आज भी बस से जाने के बारे में नहीं सोचा। सरदार राजेंद्र के कहने पर मैं चाय पीने गया। चाय पीकर वह तो गुरूद्वारे चला गया मैं समय गुजारने को बस स्टैंड तक घूम कर आया तब तक भूख जाग्रत हो गयी अतः नाश्ता किया। आज फिर टैंकर आने की पूरी उम्मीद थी अतः इंतज़ार करने लगा। एक बार सेन्ट्रल मार्केट श्री कॉल से मिलने गया पर उसकी दुकान बंद थी। अभी 11 बजे हैं जम्मू जाने वाली सभी बसें निकल चुकी हैं अतः अब तो ट्रक के अलावा कोई चारा भी नहीं है। मन में डर है कि कभी आज भी टैंकर नहीं आया तो......किशन तो अभी तक शायद जम्मू पहुँच गया होगा।

कैसे कैसे अनुभव हो रहे हैं, सच ही है मेरी जिंदगी अनुभवों से परिपूर्ण है। मैं खुद अनुभव चाहता हूँ मैं शुरू से ही अपनी जिंदगी को एक कड़ी जिंदगी बनाना चाहता रहा हूँ, किसी का भी इसमें दोष नहीं है, और ईश्वर ने हमेशा मेरी मदद की है। मैं भी तो इस कड़ी जिंदगी को पाकर संतुष्ट हूँ मुझे ये अनुभव कितने अच्छे लगते हैं ठीक है अनुभवों में दर्द तो मिलता ही है दर्दों में घुल घुल कर व दर्दों के द्वारा छिल छिल कर कभी एक चमकता हीरा बन सकूँ। बस प्रभु से यही प्रार्थना है मेरी भावनाएं सफल हों।

रात्रि 10 बजे – मैं अभी तक श्रीनगर में ही हूँ......?

1 अक्टोबर 1970 -श्री नगर

आखिर रात को सोते समय वही हुआ जिसकी आशंका थी, हेम की ओर मन चला गया न जाने क्या क्या सोचता रहा था पर साथ ही मीठी मीठी निद्रा ने आ घेरा। स्वप्न शुरू हों गए। कुछ भी याद नहीं सपनों का अस्तित्व क्या था इतना अवश्य याद है हेम के इर्द गिर्द बना हुआ था। सुबह राजेंद्र ने जाते जाते उठाया था, फिर तभी उठा जब दिन चढ गया था।

28

2 ओक्टोबर 1970 जम्मू-

दिन प्रतिदिन मुझे पुराने ग्रंथों व महापुरुषों की अमृत वाणियों में अगाध श्रधा होती जा रही है। यह सत्य ही है कि जिन्हें ईश्वर में विश्वास है व उसकी सत्ता में विश्वास है ईश्वर उनकी मदद करता है वे खुश रहते हैं जिनपर पूर्वजों के संस्कार की छाप है,

जिन्हें ईश्वर की सत्ता में विश्वास है वे कर्तव्य परायण, परिश्रमी, व स्पष्ट होते हैं उनके यही गुण उन्हें शक्तिशाली भी बना देते हैं। ईश्वर की कृपा से उनका परिश्रम उन्हें फल देता है वे दयावान होते हैं समृधिशालीनता तो स्वयं उनके पास चली आती है धैर्य भी मानव् को उन्नति के शिखर पर चढाता है। यहाँ अलग अलग सरदारों के संपर्क में आकर व गुरुद्वारे के पूजन पठन के नियमों को देखकर व जानकर इस विश्वास को और भी दृढ़ता प्राप्त हुई है। पंजाब के विषय में इतना अधिक जानकर व देखकर यह लगता है शायद ये प्रान्त सबसे ज्यादा विकासशील है व चंद वर्षों में ही इसने सबसे ज्यादा उन्नति की है। खाद्य समस्या का तो प्रश्न ही नहीं उठता, बेकारी की समस्या होगी भी तो और प्रान्तों से कम।

यहाँ का वातावरण वैसे बड़ा तीखा है पर यह तो शक्तिवान पुरुषों के बीच में होता ही है। यहाँ के सभी सरदार हृष्ट पुष्ट हैं परिश्रमी हैं चुस्त हैं परिश्रम से कमाते हैं व प्रसन्न रहते हैं परिश्रम क्या नहीं दे सकता किसी भी तरह के कार्य में हिचक तो है ही नहीं। खेतीबाड़ी में बहुत लोग लगे हुए हैं पढ़ लिखकर जवान लोग भी खेती में जुटे हैं।

ईश्वर में सबकी अगाध श्रद्धा है हर गांव में एक गुरुद्वारा होता है जहाँ ईश्वर के प्रति श्रद्धा प्रकट की जाती है गुरुनानक व अन्य गुरुओं की शिक्षा पर चलते हैं। गुरुद्वारे से जो संस्कार मिलते हैं वे इनकी सफलता में विशेष स्थान रखते हैं गुरुद्वारे से इनपर समानता का संस्कार पड़ता है ये मिलनसार व मेहमान नवाज बन जाते है सभी से अच्छे व्यवहार करते हैं फिर गुरु की कृपा से परिश्रमी व शक्तिशाली होते हैं। अतः अपने खिलाफ कुछ सुन भी नहीं सकते। गुरु साहिब ने इनपर लड़ाकू बनने का संस्कार तो डालना ही चाहा था वे सफल भी हुए। अब यों तो सब अंगुली सामान कैसे हों सकती है। फिर भी यहाँ शक्ति की पूजा होती है तो साथ ही नम्रता व व्यवहार परायणता की भी।

इस पंजाब का उदहारण देखकर मुझे मजबूरन सोचना पड़ता है कि वास्तव में गुरु में श्रद्धा ,ईश्वर में विश्वास व अच्छे संस्कारों का कितना अधिक महत्व होता है जो अपने धर्म का पक्का है वही सफल है।

आज सेना में, राजनैतिक सक्रियता में, खेतीबाड़ी में सभी जगह पंजाब ने अपनी गहरी छाप लगा रखी है।

दिन प्रतिदिन मुझे पुराने ग्रंथों व महापुरुषों की अमृत वाणियों में अगाध श्रधा होती जा रही है। यह सत्य ही है कि जिन्हें ईश्वर में विश्वास है व उसकी सत्ता में विश्वास है ईश्वर उनकी मदद करता है वे खुश रहते हैं जिनपर पूर्वजों के संस्कार की छाप है,

जिन्हें ईश्वर की सत्ता में विश्वास है वे कर्तव्य परायण, परिश्रमी, व स्पष्ट होते हैं उनके यही गुण उन्हें शक्तिशाली भी बना देते हैं। ईश्वर की कृपा से उनका परिश्रम उन्हें फल देता है वे दयावान होते हैं समृधिशालीनता तो स्वयं उनके पास चली आती है धैर्य भी मानव् को उन्नति के शिखर पर चढाता है। यहाँ अलग अलग सरदारों के संपर्क में आकर व गुरुद्वारे के पूजन पठन के नियमों को देखकर व जानकर इस विश्वास को और भी दृढ़ता प्राप्त हुई है। पंजाब के विषय में इतना अधिक जानकर व देखकर यह लगता है शायद ये प्रान्त सबसे ज्यादा विकासशील है व चंद वर्षों में ही इसने सबसे ज्यादा उन्नति की है। खाद्य समस्या का तो प्रश्न ही नहीं उठता, बेकारी की समस्या होगी भी तो और प्रान्तों से कम।

यहाँ का वातावरण वैसे बड़ा तीखा है पर यह तो शक्तिवान पुरुषों के बीच में होता ही है। यहाँ के सभी सरदार हष्ट पुष्ट हैं परिश्रमी हैं चुस्त हैं परिश्रम से कमाते हैं व प्रसन्न रहते हैं परिश्रम क्या नहीं दे सकता किसी भी तरह के कार्य में हिचक तो है ही नहीं। खेतीबाड़ी में बहुत लोग लगे हुए हैं पढ़ लिखकर जवान लोग भी खेती में जुटे हैं।

ईश्वर में सबकी अगाध श्रद्धा है हर गांव में एक गुरुद्वारा होता है जहाँ ईश्वर के प्रति श्रद्धा प्रकट की जाती है गुरुनानक व अन्य गुरुओं की शिक्षा पर चलते हैं। गुरुद्वारे से जो संस्कार मिलते हैं वे इनकी सफलता में विशेष स्थान रखते हैं गुरुद्वारे से इनपर समानता का संस्कार पड़ता है ये मिलनसार व मेहमान नवाज बन जाते है सभी से अच्छे व्यवहार करते हैं फिर गुरु की कृपा से परिश्रमी व शक्तिशाली होते हैं। अतः अपने खिलाफ कुछ सुन भी नहीं सकते। गुरु साहिब ने इनपर लड़ाकू बनने का संस्कार तो डालना ही चाहा था वे सफल भी हुए। अब यों तो सब अंगुली सामान कैसे हों सकती है। फिर भी यहाँ शक्ति की पूजा होती है तो साथ ही नम्रता व व्यवहार परायणता की भी।

इस पंजाब का उदहारण देखकर मुझे मजबूरन सोचना पड़ता है कि वास्तव में गुरु में श्रद्धा ,ईश्वर में विश्वास व अच्छे संस्कारों का कितना अधिक महत्व होता है जो अपने धर्म का पक्का है वही सफल है।

आज सेना में, राजनैतिक सक्रियता में, खेतीबाड़ी में सभी जगह पंजाब ने अपनी गहरी छाप लगा रखी है।

2 अक्टोबर 1970 जम्मू

कल टैंकर में बैठकर श्रीनगर छोड़ दिया। मैं व ड्राईवर नीचे बैठे, क्लीनर ऊपर। ट्रक में पेट्रोल भरा टैंक लगा हुआ था। प्रारंभ में मैंने व ड्राईवर ने कुछ भी बात नहीं की।

श्रीनगर छोड़ते समय उसने कई बार थोड़ी थोड़ी दूरी पर ट्रक रोका तब मुझे बड़ी बोरियत हुई, मेरी तो पंछी की तरह उड़कर सीधे जम्मू पहुँचने की लालसा थी। एक स्थान पर उसने मुझे शीघ्र होटल में खाना खाने के लिए कहा, मैं झटपट खाना खाकर आ गया। ड्राईवर का स्वभाव बड़ा अजीब सा था गंभीर भी। क्लीनर को बड़ी डांट लगाता था अतः मुझे लगा न जाने कब इसका मूड ऑफ हों जाए ऐसे में गड़बड़ी करना अच्छा नहीं था। खाना खाकर हम चले वास्तव में वह सरदार मुझसे बड़ी इज़्ज़त से पेश आ रहा था आगे तो वह बड़ी तेजी से गाड़ी चला रहा था 50-60-70, गति धीरे धीरे बढती गयी थी। अब तो वहीं रुकते जहाँ सामने से आने वाली गाड़ियों के लिए रुकना पड़ता।

जवाहर टनल आये, यहाँ भी 15-20 मिनट रुके, यहाँ पर बड़ा ठंडा पानी पीने को मिला। अब तो बस यों ही कहीं चलते कहीं रुकते, एक दो जगह चाय पी। उधमपुर वगैरा भी चाय पीने को रुके थे। धीरे धीरे दुपहर ढल गयी, शाम आई। ड्राईवर ने एक जगह बैठकर शराब पी, रास्ता बहुत ही खतरनाक लगा। उसकी शराब मेरे लिए चिंता का विषय थी, पर इतनी ज्यादा नहीं, क्योंकि मैं इनके विषय में अच्छी तरह जानता था रास्ता एक प्रकार से दर्रे के सहारे सहारे ही था।

शाम ढली अँधेरा छाने लगा। मैं दृश्यों को देखता हुआ कुछ का कुछ सोचता हुआ चलता जा रहा था।जब लगभग 8 बजे होंगे हम एक जगह खाना खाने उतरे। मुझे बिलकुल भूख नहीं थी मुझे तो ये ही अजीब लग रहा था कि सुबह से शाम कैसे आ गयी। मैंने खाने के नामपर एक प्लेट चावल लिए फिर आगे चल पड़े।

आगे एक गांव आने पर ड्राईवर ने फिर शराब पी व स्वयं ने खाना खाया। यहाँ बड़ी देर तक रुके। मैं तो ट्रक की सीट पर ही बैठा रहा। पहाड़ों में जंगल बड़े भयानक लग रहे थे पर चांदनी में खूबसूरत भी। वहीं अँधेरे में तकते तकते मुझे फिर हेम की याद आ गयी बस बैठे बैठे गीत गुनगुनाता रहा था। यहाँ से चले तब ड्राईवर शराब के व खाने के जोश में आ चुका था अब रास्ता भी बहुत संकरा था। उसने रोड पर मुझसे बातें प्रारंभ की तो पत्नीटॉप तक लगातार बातें करता रहा। सिक्ख धर्म की बातें, राजस्थान की बातें, बंगलौर की बातें, डाकुओं की बातें और न जाने क्या क्या ? जयपुर, अजमेर व उदयपुर की स्थिति पर मुझे उसे गलत ठहराना पड़ा पर वह अपनी जिद पर अड़ा रहा, तो मैंने हार मान ली। उसने अपने ढेर से अनुभव मुझे सुनाये। रात होने पर क्लीनर भी नीचे केबिन में ही आ गया था।

पत्नीटॉप पर उसने गाड़ी रोक दी व वहीं सोने का एलान कर दिया। वहां होटल का एकमात्र झोपंडा था। ड्राईवर ने मुझसे सोने के इंतजाम के लिए पूछा और मुझे पहली बार अफ़सोस हुआ कि कम्बल तो किशन के बैग में चला गया मेरे पास तो केवल एक दरी थी। ठंडक बहुत ज्यादा थी वहां दरी से क्या होता। मैं सोचता था कि रात को देर तक जम्मू पहुँच जायेंगे पर फिर वह शराब कैसे पीता। यहाँ से जम्मू 60-70 मील ही तो रह गया था।

खैर उसने क्लीनर को कहकर मेरे लिए एक तिरपाल बिछवा दिया, वहीँ एक ओर वह क्लीनर सो गया, ड्राईवर गाडी में सोया।

सर्दी अधिक थी तिरपाल बिछाकर जमीं पर सो रहे, सर्दी से बचने को मैंने दरी ओढ़ ली। तकिये के बिना बड़ी असहुलियत सी हो रही थी। लम्बाई में जगह भी कुछ कम थी, होटल सिर्फ तीन ओर से बंद थी अतः हवा सीधे अंदर आ रही थी। पहले पहले तो असुविधा लगी पर अब तो जैसे तैसे रात गुजारनी थी यही सोचकर चुपचाप पड़ा रहा।

रात को सर्दी का आभास हुआ पर नींद बड़ी प्यारी आई। न जाने कितने ही अच्छे अच्छे सपने आये, हेम से मिला, उसके साथ घूमा फिरा, सुधा से मिला, मित्रों से मिला किशन से मिला व अपनी माताजी से मिला। सभी स्वपन प्रसन्नता से भरपूर थे। रात को एकबार आँख खुली, घनघोर अँधेरा, उचे ऊँचे पेड, वायु की सांय सांय। जंगल की भयानकता का एहसास हुआ। ठण्ड का भी एहसास हुआ। गुजरे सपने याद करते करते फिर नींद आ गयी। इतना आभास अवश्य हुआ जैसे बदन टूट टूट रहा है, दोनों कंधे दर्द से परेशान हैं, पैरों की नसें खिंच रही हैं पर सोने के बाद कहाँ कुछ होश रहता है।

सुबह 6.30 के लगभग आँख खुली, सभी जाग गए, सरदार तो पहले से जगा हुआ था, उठते ही मुहं वगैरा धोकर गाडी में बैठकर चल पड़े।

रास्ते में एक जगह चाय पी, दो तीन जगह रुके, आखिर 10 बजे जम्मू शहर पहुंचे। मैं उतर गया। एक टेम्पो में बैठकर जल्द से जल्द किशन के पास होस्टल पहुंचना चाहता था। टेम्पो में एक लड़की बैठी थी प्रारंभ में अनजाने में मेरा हाथ उसे छू गया, उसने बड़ी अजीब नजरों से मेरे हाथ की ओर देखा, पर जब मेरी क्षमा मांगती नजरें देखी तो वह चुपचाप बैठी रही। बाद में मैं बडा सावधान रहा व जब कॉलेज के सामने उतरने वाला था मैंने उसकी नजरों में अपने प्रति अच्छे भाव पाए। मुझे इससे बड़ी प्रसन्नता हुई, पर "जीवन के सफर में राही, मिलते हैं बिछुड जाने को"

मैं होस्टल आया, किशन मुझे केन्टीन में ही मिला मुझे देखते ही उसके चेहरे पर रौनक व शरीर में फुर्ती आ गयी। "पार्टनर।।पार्टनर" कहते हुए हम गले मिले, मेरे चेहरे पर से एक चिंता समाप्त हो गयी, क्योंकि अब कहीं भी जाने को हम आजाद थे। वहीँ प्यासा नामक लड़के ने चाय पिलाई।

कुछ देर आराम कर मैंने स्नान वगैरा किया व 12 बजे खाना खाया। रूम में चार बजे तक आराम किया। किशन चारपाई पर सोया पर गर्मी के कारण मैंने जमीन पर खिड़की के सामने दरी बिछाकर सोने का आनंद लिया, इस तरह का अच्छा अभ्यास है। दोपहर में तो बड़े ही विचित्र सपने आये, सब अपने सम्बन्धियों से मुलाकात हुई, न जाने क्यों दो दिन से सब ऐसे ही सपने आ रहे हैं।

शाम को कपडे धोए, साईकिल साफ़ की, ओइलिंग वगैरा करवाने गए व पुलिस स्टेशन से प्रमाण पत्र लेने गए। वहां एस.पी., डी. एस.पी. सभी ने हाथ मिलाकर मुलाकात की, काफी देर तक बातचीत की, फिर घूमते घूमते वापस आ गए। हमने अभी सारा सामान बांधकर

पैक कर दिया है व कल लौटने का प्लान है। मैंने दरी बिछाकर जमीन पर ही सोने में ज्यादा अच्छा समझा है, जावेद वगैरा अशोक के गांव गए हुए हैं। किशन तो अभी प्यासा के पास गया हुआ है, शायद विदाई लेने। देखे वापसी यात्रा कैसे गुजरती है। प्रभु हमारी मदद कर.....

29

3 अक्टूबर,1970 जम्मू से गुरदासपुर

प्रातः किशन ने लगभग 5.25 पर उठाया, आज फिर वही ढेर सारे मीठे मीठे स्वप्नों का भंडार था, सुबह आँख खोलते हुए पहले तो झिझक हुई पर उठना तो था ही। 6.25 तक तैयार होकर सबसे विदा ली। मन में थोड़ा सा क्षोभ हुआ कि यहाँ के लड़के अच्छे मित्र बनने के बाद भी अंतिम समय में इतने अच्छी तरह से पेश नहीं आये जिस तरह से मैं उम्मीद कर रहा था। खैर उन्होंने हमारा यहाँ पूरा ख्याल रखा था। हो सकता है हमसे ही कोई भूल रही हो। या सुबह सुबह इतनी जल्दी उठ जाने के कारण अनमना मन।

रास्ते में एक होटल पर चाय व ब्रेड बटर लिया। ब्रेड बटर हमने रात को ही खरीद कर रख लिया था क्योंकि रास्ते में बड़ा महँगा मिलता था। यहाँ से जो साईकिल पर चढ़े तो ढेरों उतार चढ़ाव पार करके 8.30 पर सीधे साम्बा पहुंचे जो कि जम्मू से 40 कि.मी. है। 9 बजे तक हमने चाय नाश्ता व आराम किया। कुलदीप सिंह से मिलना इसलिए उचित नहीं था कि हमें आज ही गुरदासपुर पहुँचना था। जो कि लगभग 90 मील की दौड़ थी। यहाँ से चलते ही एक लंबा चढ़ाव पड़ा। इन्ही उतार चढ़ाव पर हम आगे पीछे साईकिल चलाते रहे। इस बार फिर 40 कि.मी. लगातार चलने का तय किया था। धीरे धीरे धूप बढ़ रही थी। कूटा के पास हम पानी पीने उतरे व ग्लूकोज लेकर तुरंत आगे के लिए रवाना हो गए।81 कि.मी. के माईल स्टोन के पास ही मकरखंड नामक नदी थी जिस पर दो फर्लांग का पुल बना हुआ है। किशन मुझसे फर्लांग भर आगे चल रहा था। यहीं किशन को एक पुलिस/सेना के जवान ने जो कि पुल की सुरक्षा में था रोककर पानी पीने के लिए कहा। हम पसीने से लथपथ थे। दरअसल वह पुलिस वाला हमसे बात करना चाहता था। जाते हुए हम उससे राम राम कहकर सीधे चले गए थे शायद वह तभी से हमसे बात करने की इच्छा रखे था। इस समय 12.30 हो गए थे। हमें भी भूख लग गयी थी अतः शीघ्र अगले गांव पहुँचने की इच्छा थी। वह पुलिस वाला हमारे लिए कैंट में से ठंडा पानी लाया, साथ ही यह जानकर कि हमने खाना नहीं खाया है, प्रेमपूर्वक हमारे लिए अपने पास रखा खाना भी ले आया। खाने में उसके पास कुछ देर पहले

ही लश्कर से आयी तीन चार चपाती व प्लेट भरकर चावल पड़े थे जो कि उसके अनुसार उसने अलग से रख रखे थे। इसके लिए वह अफ़सोस करने लगा कि सब्जी सब खत्म हो गयी थी चपाती ठंडी होकर भद्दी सी नजर आ रही थी, चावल में भी गंदगी सी थी। आखिर लश्कर का खाना जो था। पहले तो मेरी खाने की इच्छा नहीं हुई पर फिर उसके प्रेम को देखकर शबरी की ओर ध्यान गया व हमने खाना प्रारंभ कर दिया। अब तो भूख भी जाग्रत हो गयी थी, अतः चपातियाँ कोरी ही खा गए व चावल नमक डालकर देखते देखते समाप्त कर गए।

वहां से चले तो साईकिल से तभी उतरे जब पठानकोट की सीमा में प्रवेश कर गए। यहाँ गांव था व मिलिट्री कैंटोनमेंट भी आसपास ही था अतः हमने प्रम्तेश (जिसका पाता हमें फिल्म शूटिंग देखते हुए मिला था व जिसने लौटते हुए मिलने का वादा लिया था) के पते की पूछताछ की। उसके पिता सेकण्ड इन कमांडर थे। हमने पक्का रोड छोड़कर कच्चे रोड पर नहर के किनारे किनारे जाना शुरू कर दिया। मुझे साईकिल के पंक्चर होने का डर लग रहा था। आखिर हम मिलट्री क्षेत्र में पहुंचे, प्रम्तेश का मकान आसानी से मिल गया। हमें देखते ही वह अपने घर ले गया, बड़ा ही मधुर स्वागत किया। इस समय 2 बजे थे हमें खुशी थी कि हमने 108 कि.मी. जल्दी ही कवर कर लिए थे।

प्रम्तेश का छोटा भाई प्रवीण भी बहुत ही प्रेमपूर्वक मिला। दोनों भाई ने हमें घर का सा वातावरण देने की कोशिश की। पहले ब्रेक फास्ट किया। प्रम्तेश के पिताजी भी मिलने आ गए, उनसे बहुत बातें की जो भारत की समस्या व विद्यार्थीयों के विषय में थी। प्रम्तेश ने यहीं स्नान कर आराम करने को कहा। उसकी इच्छा थी हम आज वहीं रुक जाएँ व मिलिट्री के होने वाले टूर्नामेंट देखें तथा यहाँ के सभी ऑफिसर से वो हमें मिलवा सके। पर हमें अपनी तयशुदा यात्रा करनी थी अतः वहां रुकना मुश्किल था। वहीँ बैठे बैठे हम रेडियो सुनते रहे व बातें करते रहे लगभग 4.15 पर हमने खाना खाया जो कि बहुत ही स्वादिष्ट था पर ज्यादा नाश्ता कर लेने के कारण ज्यादा खा नहीं सके उनकी आवभगत देखकर हम बहुत प्रसन्न चित थे, घर का सा प्यार.....आज यही अनुभव करते रहे कि प्यार थकान को कैसे मिटा देता है।

आखिर 5.30 पर हमने नए उत्साह के साथ इनसे विदा ली। प्रम्तेश की माताजी के जब पैर छूकर आशीर्वाद लिया तो सभी के मन में प्रेम व आदर उमड़ उमड़ रहा था।

अब फिर शेष सफर लगातार चलकर पूरा करने में जुट गए। पठानकोट से गुरदासपुर 26 मील है पर बाइपास के कारण 22 मील ही चलना पड़ा। रास्ते में हमारे साथ एक और साईकिल सवार 20 मील तक चला व बातें करते करते उसके प्रति मेरे मन में अच्छे भाव बन गए।

गुरदासपुर देखकर मालूम पड़ा कि ये भी एक अच्छी खासी मंडी है। हम सीधे होस्टल गए। अँधेरा छा चुका था वार्डन साहब बाजार गए हुए थे, कुछ ही देर में वे आये। हमारा परिचय जानकर बहुत खुश हुए फिर एक सर्वेंट को बुलाकर हमारी खातिरदारी का आदेश दे दिया। हमें एक रूम दे दिया गया। हमने स्नान वगैरा कर मेस में खाना खाया। यहाँ भी

खाना स्वादिष्ट था। खाना खाते वक्त डलहोजी के रविकांत से मित्रता हुई, उसी के साथ बाहर घूमने गए। लौटकर रविकांत हमें अपने रूम में ले गया व सेवा के नाम पर अपने घर की बनी हुई मठरी व अखरोट पेश की। उससे पता लेकर हम चारपाई पर आ लेटे हैं आज थकान का अनुभव हो रहा है बदन टूट सा रहा है। अतः ईश्वर की प्रार्थना के साथ अब नींद की ओर.....

30

4 ओक्टोबर, 1970 -अमृतसर

बहुत से सपनों से गुजरने के बाद सुबह आँख खुली तो पाया कि दिन बहुत चढ गया है। किशन भी साथ ही साथ उठ गया, व हम यहाँ से चलने की तैयारी में जुट गए। जब सब सामान पैक कर तैयार हुए तभी मेस ठेकेदार आ गया व नाश्ता कर के जाने को कहा अतः हमें कुछ और विलम्ब हो गया। तभी सरदार प्रताप सिंह से मित्रता हुई, उसने आगे अमृतसर में रुकने के लिए अपने मित्रों के पते दिए। उसी के रूम में हमारे लिए परांठा व चाय वगैरह नाश्ता हेतु आ गए। यहीं से प्रताप हमें झूलता महल दिखाने ले गया। वैसे कल की थकान से आज मूड ऑफ ही था। झूलता महल देखकर व बाबा गुरिया का इतिहास सुनकर मन प्रसन्न हुआ।

काफी गलियों व बाजारों से गुजरकर आखिर हम अपने नए शहर की ओर रवाना हुए। इस समय तक 8.45 हो गए थे।

आज आकाश पर घने बादल छाये हुए थे अतः धूप की परेशानी नहीं थी, ठंडी हवा चल रही थी, प्रारंभ में साईकिल चलाने में थोड़ी कठिनाई हुई, हाथ पैरों में दर्द का आभास हुआ पर मंजिल पर तो पहुँचना ही था। 10 बजे हम धारीवाल गांव पहुंचे यहीं धारीवाल कपड़ों की इंडस्ट्री थी अतः उसे देखने की ईच्छा के कारण धारीवाल मील की ऑफिस गए। यहाँ के सभी ऑफिसर ने हमें आदर दिया, हमारा स्वागत किया व शीघ्र ही मील देखने का पास बना दिया। शिव कुमार नामक व्यक्ति हमें मील दिखाने चला। हमने इसी दौरान उन्हें एक हमारी इंडस्ट्री भ्रमण हेतु प्रमाण पत्र बनाने का भी निवेदन किया। हमने पूरी मील, कपडे व ऊन बनने का तरीका देखा। यहाँ ढेर सारी स्वचालित मशीनें हैं जिन पर कारीगर तरह तरह की डिजाईन के कपडे तैयार करते हैं। बहुत से कारीगरों ने हमसे बातें की।

पूरी मील देखने में लगभग २ घंटे लग गए। थकान सी अनुभव हुई, भूख भी लग आई अतः शिव कुमार के साथ यहाँ की केन्टीन में गए। वहां हमने ब्रेड, लड्डू, दाल सेव व चाय पी। जब पैसे दिए तो कुल 74 नए पैसे देने पड़े। वहां सभी सामान कंपनी की ओर से बहुत सस्ता

मिलता है। भूख कुछ शांत हुई व साईकिल चलाने का मूड बना। वहां से प्रमाण पत्र लेकर व सभी व्यक्तियों से मिलते हुए हम आगे बढे।

2 बजे तक बटाला पहुंचे। कॉलेज गए पर प्रताप सिंह के मित्र नहीं मिले।अन्य लड़कों से मिलकर हम बाज़ार आ गए। यहीं एक होटल पर खाना खाया। जो कि बड़ा सस्ता था। यहाँ सभी की निगाहें हम पर जम जाती थी। कई व्यक्तियों से बातें की। इस क्षेत्र में जिस किसी गांव से गुजरते हैं सभी हमें देखते रह जाते हैं और यदि हम किसी से पूछताछ भी करते हैं तो वह हमें उत्तर देने से पहले हमारी साईकिल पर लगा बोर्ड पढ़ने में तल्लीन हो जाता है। यहाँ से अमृतसर कुल 22-23 मील रह गया था अतः हम खाना खाकर 10-15 मिनट बाद ही आगे बढ़ गए।

जब अमृतसर केवल 10-12 मील रह गया तो किशन ने एक मंदिर के सामने गाडी रोक दी। यहाँ सघन छाया थी, छोटा सा मंदिर, सामने ही एक कुआँ, वहीँ तीन ग्वाले बैठे थे। धूप से परेशान होने के कारण हम वहीँ कुछ देर बैठे। हरी हरी दूब देखकर लेटने का लालच संवरण न कर सके। ग्वाले उठकर हमारे पास आ गए, हमने उनसे बातें प्रारंभ की, यहाँ प्रत्येक भैंस ५-६ किलो दूध देती है, इनकी सेहत भी अच्छी है, ग्वाले से मालूम हुआ कि इस ओर वर्षा कम होती है। ग्वालों ने ही उठकर अरठ वगैरा चलाने में मदद की व हम पानी पी सके। उसके बाद जो घास पर लेटे तो आँखों में नींद तैरने लगी, मुझे तो स्वप्न आने प्रारंभ हो गए। यहाँ इसी तरह आधा पौन घंटा बिताने के बाद इच्छा हुई कि अब शाम तक यहीं रुक जाए, सुस्ती ने जकड लिया था पर आगे तो चलना ही था। मुहं धोकर साईकिल पर चढ गए। सुस्ती उड़ाने के लिए कुछ मील चलकर एक होटल पर चाय पी। 25 पैसे में गिलास भरकर चाय मिली।

कुछ दूर जाकर पेड की छाँव में फिर उतरना पड़ा क्योंकि किशन की पैंट का बटन टूट गया था। उसे बदलना जरूरी था। रोड के दोनों ओर ऊँचे ऊँचे पेड, आगे लहलहाते खेत, व पानी से भरे गड्डे। मैंने भी अपनी लंगोट वगैरा खोलकर आरामदायक होने में ही भलाई समझी। दोनों ओर ऊँचे पेड होने से छाया अवश्य थी पर रोड में खडखडाहट ज्यादा थी। कुछ ही देर में अमृतसर शहर में भी प्रवेश कर लिया, बड़े बुरे रास्ते से गुजरना पड़ा, न जाने क्यों इंडस्ट्रियल क्षेत्र के रोड इतने टूटे फूटे रहते हैं।

पूछताछ करते करते आखिर हम डी.ए.वी. कॉलेज के दो विद्यार्थी, ललित महाजन व सुरेश से मिले। हमारा इरादा डी.ए.वी. कॉलेज में ही ठहरने का था। हमसे मिलकर वे प्रसन्न हुए व हमें कॉलेज की तरफ ले चले। कुछ देर बाद सरदार सुरेश तो हमें अपने घर पर ठहरने का आमंत्रण देकर स्वयं अपने घर चला गया, लेकिन हमने होस्टल में ही ठहरना उचित समझा। होस्टल पहुँचने पर किशन तो वार्डन से मिलने चला गया पर तब तक मेरे चारों ओर चार पांच लड़के पूछताछ हेतु एकत्रित हो गए जिनसे मैं बातें करता रहा। कुछ देर बाद किशन वापस आकर यह बोलकर कि मै प्रिंसिपल से मिलकर आता हूँ किसी लड़के के साथ चला गया। अंत में यह बताया गया कि हमें कॉमन रूम में ठहरने की अनुमति मिल गयी है पर हमें सुबह ९ से शाम के पांच बजे तक उसे खाली करना पडेगा क्योंकि इनके पास यही रूम

है व सुबह लड़कियां यहाँ आती हैं। ललित यह सुनकर तमतमा उठा, व हमसे निवेदन किया कि आप साईकिल पर बैठे व मेरे घर चलें। मुझे चिंता थी कि न जाने इसके घर वाले कैसा व्यवहार करें, पर ललित ने आश्वासन दिया कि आप चलें भी तो।

घर एक छोटी सी गली में मुख्य बाज़ार में ही था, उसने साईकिल से सामान उतारने में मदद की, फिर घर में घुसते ही एक रूम खोल दिया। रूम अच्छा डेकोरेटेड था उसने कहा कि आप निश्चिन्त होकर यहाँ रहें।

रूम में घुसते ही मेरा ध्यान हाथ से बनी पेंटिंग्ज पर गया तब तक ललित की छोटी बहन वहां आ गयी थी। मैंने उसका नाम जाना "सुनीता"। फिर दूसरा प्रश्न था ये पेंटिंग्ज कौन करता है। "मेरा भाई" (ललित से छोटा वाला)

मैं उससे मिलने को उत्सुक हो गया, बहुत ही अच्छी पेंटिंग्ज थी। मेरे मस्तिष्क में मेरी अपनी पेंटिंग्ज घूम गयी। चित्रकला के प्रति मेरे भाव जाग्रत हो गए। मैं अभी चित्रों की परख ही कर रहा था कि ललित की माताजी आ गयी। मैंने व किशन ने उनके चरण स्पर्श किये। वे हमारे बारे में जानकार बहुत प्रसन्न हुई व यह कहते हुए चली गयी कि पहले आपके लिए चाय नाश्ता तैयार कर दूं। उनके इन शब्दों में हमारे स्वागत की छाप थी, मन में प्रसन्नता हुई। आस पास के पड़ौसी भी हमारे बारे में पूछताछ करने लग गए, स्वाभाविक था हमारा ड्रेस, हमारी साईकिलें व उनपर लदा लगेज, बोर्ड, आदि उनके मन में भी उत्सुकता भरते थे

नाश्ता आने तक हम दोनों स्नान आदि से निवृत हो गए तब तक ललित का छोटा भाई भी आ चुका था उससे चित्रों के बारे में बातें करते रहे। चाय नाश्ता करने तक थकान उतर चुकी थी। मन में भी प्रफुल्लता थी ललित ने बताया कि जलियांवाला बाग व गोल्डन टेम्पल पास में ही है अतः पहले उन्हें देखने की इच्छा हो गयी अब तक अँधेरा छा गया था। हम पैदल ही घूमने निकले। बाज़ार में से गुजरे। कुछ दूर ही चले होंगे कि जलियावाला बाग आ गया- अंदर प्रविष्ट हुवे न हुवे मन की भावनाएं उमड़ पड़ी। नजरें वहां का एक एक दृश्य घूर घूर कर देख लेना चाहती थी। देखते ही देखते भगत सिंह, सुभाष बोस, सुखराज, राजगुरु, चंद्र शेखर आज़ाद, आदि शहीदों के नाम होंठों पर थिरकने लगे। मन में श्रद्धा के समुन्द्र हिलोरें लेने लगा। न जाने कितने ही विचार बने व बिगड़े।

यहाँ से गोल्डन टेम्पल गए, वहां धार्मिक भावनाओं ने जन्म लिया व टेम्पल देखते देखते सैंकड़ों भाव उमड़ उठे।। इस समय भी धार्मिक व देशभक्ति के भाव एक साथ बह रहे हैं। टेम्पल बहुत ही ख़ूबसूरत है रात्रि में बहुत ही प्यारा लग रहा था।

हजारों आदमी औरतें लड़के व लड़कियां कितनी श्रद्धा के साथ मंदिर में घूम रहे थे, यह सब देखकर मन में अस्थिर सा आनंद झूमने लगा। अस्थिर इसलिए कि यह सब एक दृष्टि भर ही देखने को मिला है। चारों ओर स्वच्छ जलाशय, बीच में मंदिर ,जगमगाती लाईट्स, सैंकड़ों ख़ूबसूरत स्वच्छ वस्त्र पहने घूमते पंजाबी लोग, लड़के लड़कियां।

यहाँ हर जगह ग्रन्थ साहिब को मत्था टेक कर मुझे अपूर्व आनंद मिलता रहा। मुझे ऐसा लग रहा था जैसे स्वर्ग की सैर कर रहा हूँ। शांति, ठंडी ठंडी चलती पवन। कितना मजबूर हूँ

मन की पूरी भावनाएं भी नहीं लिख पाता। मंदिर में एक दो घंटे शांतिपूर्वक बैठने की बड़ी इच्छा थी पर फिर इसे टालना पड़ा क्योंकि समय बहुत हो चुका था ,फिर यहाँ अपना घर तो था नहीं कि रात्रि देर तक घूमते।

ललित का घर तीन मंजिला था, सबसे ऊपर रसोई थी वहीँ खुली छत पर खाना खाने बैठे। मन प्रसन्न था। मुझे वैसे ही पंजाबी व सिंधियों के खाने का स्वाद बड़ा अच्छा लगता है फिर इनकी मम्मी ने बहुत ही प्रेम से खाना खिलाया, बस मन खुशी से भर गया। अब तक सरदार शशि से भी अच्छा परिचय हो गया था, खाने के दौरान उससे धर्म व पूर्वजों को लेकर बहस छिड़ गयी। उसकी दलीलें बिलकुल थोथी थी। वह ईश्वर व धर्म से बिलकुल दूर हट गया है, बहुत से व्यक्ति ईश्वर को नहीं मानते, धर्म नहीं मानते पर इसे मानने के लिए उनके पास तर्क तो होता है। पर ये मेरे साथ तर्क न देकर अपनी जिद पर अडा रहा।

खाना खाने के बाद हम फिर घूमने निकले। यहाँ कंपनी गार्डन बहुत बड़ा गार्डन है हम साईकिल लेकर वहीँ तक घूमने निकले। वहां किशन व शशि हमसे बिछुड गए अतः मैं व ललित घुमते फिरते घर आ गए। रास्ते में एक जगह रुक कर टीवी पर चित्र भी देखे। कुछ देर बाद किशन वगैरा भी आ गए। आज शशि के घर की छत पर सोने का प्लान है मैं भी इस गर्मी से उस ठंडी ठंडी पवन में सोना पसंद करूँगा।

आज गोल्डन टेम्पल में घूमते समय हेम की अम्मी, मम्मी की याद मन में उभर आई। क्या मालूम उन्होंने ये स्थान देखा भी है या नहीं। इच्छा होती है उनके लिए यहाँ से गुरु ग्रन्थ साहिब का व मंदिर का एक एक चित्र खरीद कर ले चलूँ। हेम की याद वैसे तो प्रतिपल मस्तिष्क में रहती है पर यहाँ उसकी याद आना एक विशेष अर्थ रखती है। उसके विषय में क्या सोचूं, न जाने क्यों उसका नाम चौबीसों घंटे मेरे चारों ओर घूमता रहता है। उसे क्या मालूम उसकी अनुपस्थिति के कारण मुझमे अब कितना असंतोष व कितनी प्यास रहती है। न जाने इस प्यास से कभी छुटकारा भी मिलेगा या नहीं। मेरी इस प्यास के विषय में जान कर क्या उसे दुःख नहीं होगा। कितने मजबूर हैं हम....... प्रभु हमारी मदद कर....... ।

31

5 ओक्टोबर, 1970
अमृतसर

प्रातः न जाने कब आँख खुली पर उस समय तक किशन, ललित व शशि भी उठ चुके थे। धूप अभी तक हम तक नहीं पहुंची थी। रात को मंद मंद बहती पवन व सितारों के नीचे सोने में बड़ा आनंद आया, सपने भी बहुत प्यारे थे। सुबह अपने आपमें ताज़गी पाई। धीरे धीरे तैयार होने का मूड बनाया। अपने रूम में आकर नहाये, कपडे धोए फिर नाश्ता करने ऊपर रूम में गए। बहुत स्वादिष्ट नाश्ता था व सभी कुछ प्रेम में लिपटा हुआ।

यहाँ से हम चार पांच मील दूर ओ.सी.एम. फेक्ट्री देखने गए। मैं ललित के छोटे भाई से बड़ा प्रभावित था तो वह भी मुझसे। दोनों साथ साथ थे। उधर किशन व ललित हमसे आगे आगे चल रहे थे। रास्ते में बहुत कुछ बातें बताते हुए वे हमें ओ.सी.एम. मील ले गए। सबसे पहले उनके मामा के घर गए जो वहीं मील में कार्य करते हैं इसलिए उन्हें कंपनी का क्वार्टर मिला हुआ था। ललित जिस अपने मित्र से हमें मिलाना चाहता था वह अनुपस्थित था।

मील में उसके मामा से हमारी मुलाकात हुई। वे हमें वहां के वेलफेयर ऑफिसर मि. सोड्डी के पास ले गए। काफी बातें हुई व हमारे विचारों से वे बहुत प्रभावित हुए। उन्होंने लंच व ठंडा पेय उनकी मील में ही लेने का प्रस्ताव रखा। मैंने टालना चाहां क्योंकि ललित की मम्मी भी तैयारी कर बैठी होगीं, पर वे न माने व मना ही लिया। आखिर हमने वहीं खाना खाया सब्जी वगैरा अच्छी लगी। जानकारी के लिए भाव ज्ञात किये तो पता चला कि 50-60 पैसे में कोई भी व्यक्ति आसानी से पेट भर सकता है। सब्जी की कटोरी 5 पैसे, दही की प्लेट 10 पैसे, व चपाती 5 पैसे में।

लंच लेकर हम मील देखने गए, ललित के मामाजी साथ साथ चले। इंडस्ट्री का एक एक कोना अच्छी तरह से घूम फिरकर देखा। यहाँ कर्मचारी को बहुत सी सुविधाएं हैं लगभग 1100 व्यक्ति काम करते हैं, बड़ी बड़ी कारपेट्स बनाते देखा जिनकी 12 फीट गुना 12 फीट की कीमत रु.1500 तक थी।

फेक्ट्री देखकर हम फिर मामाजी के घर आये यहाँ 3 बजे तक आराम कर फिर मील में गए क्योंकि नाश्ता वहीं करना था। मैंने ठंडा पेय लिया तो किशन ने दूध।

मुझे हर पल ललित की माताजी का इंतजार करने का विचार परेशान कर रहा था। लौटने से पहले ललित का मित्र जतिन्द्र भी मिल गया व उसका बड़ा भाई रविन्द्र भी। हम शीघ्र ही मित्र बन गए। सरदार जोगिन्द्र भी मिला जिसके पिता यहाँ के मालिक के बोडीगार्ड हैं। सभी कलाकार हैं व ऊँचे विचारों वाले। जतिन्द्र ने यहीं बगीचे में हमारे कुछ फोटो लिए। यहाँ से हम सभी साथ साथ ललित के घर की ओर चल दिए। शाम के पांच बज चुके थे।रास्ते में खालसा कॉलेज देखते हुए घर पहुंचे। तरोताजा होकर फिर चाय नाश्ता। किशन व जतिन्द्र अपने एक अन्य मित्र से मिलने चले गए। मैं अकेला घूमता हुआ जलिया वाला बाग के अँधेरे भाग में जा बैठा। वहीं अच्छा लगा। जतिन्द्र व किशन भी यहीं आने वाले थे।ललित परीक्षा के कारण हमारे साथ नहीं था। कुछ देर बाद किशन वगैरा आये तो हम घर आ गए। सभी ने काफी हंसी मजाक के बीच साथ बैठकर खाना खाया।

खाना खाकर फिर गपशप के बीच सामान भी पैक किया क्योंकि कल यह स्थान भी छोडना है। ललित की माताजी चाहती थी कि हम यहाँ कुछ और रुक जाते, पर बंजारे जीवन में इतना ठहरना कहाँ होता है।

आज हम सभी साथ साथ यहाँ ऊपर वाले रूम में सो रहे हैं, हालफिलहाल तो लेटे हुए हैं बातें चल रही है,गाने चल रहे हैं, मन उन्हें सुनकर डोल रहा है पर डायरी भी तो पूरी करनी ही है।

गाने भी कितने बेदर्द होते हैं,

"रुक जा रात ठहर जा ओ चंदा,

बीते ना मिलन की बेला।

रात चांदनी की नजरों में

अरमानो का मेला"

ऐसे गाने सुनते ही हेम की एक गुमसुम छाया नजरों के सामने डोलती है, मन न जाने कहाँ भटक जाता है। लो अब शुरू हुआ........

"अकेले हैं चले आओ जहाँ हों" । उफ़ अब मैं क्या करूँ मेरे प्रभु।

"तुम्हे हम ढूँढते हैं ,हमें दिल ढूँढता है,

न अब मंजिल है कोई, न कोई रास्ता है"........

प्रभु मेरी मदद कर ।।

32

6 ओक्टोबर 1970
(अमृतसर से जालंधर)

गयी रात अमृतसर में रात को 12 बजे तक बैठे बैठे ललित की माताजी से जीवन के विभिन्न पहलुओं पर बातें प्रारंभ हो गयी थी। जब मैंने डायरी पूरी की तभी वे रसोई का काम निपटा कर आ गयी थी।उसके पिताजी भी आ गए थे, खूब गपशप हुई। सभी ने परिवार के सदस्यों की तरह व्यवहार किया। बेटे जैसा। उनकी यही इच्छा थी कि हम उन्हें भूल न जाएँ। और मैं यही सोच रहा था कि क्या ये संभव है। हम 1.30 घंटे यही बातें करते रहे, फिर सोये।

सुबह साढ़े चार बजे उठे व तैयार होने लगे। ललित की मम्मी भी उठ गयी। उन्होंने रास्ते के लिए आलू के परांठे बना दिए व चाय बना दी। हम तैयार हुए तबतक सभी विदा करने को उठ गए थे। तैयार होकर हमने साईकिले बाहर निकाली, सामान चढ़ाया, तबतक सभी घर के दरवाजे पर आ खड़े हुए। माताजी के चरण स्पर्श कर आशीर्वाद लिया उन्होंने उसी समय हमें रु.10 रास्ते के खर्च के लिए दिए, बड़ी ही जिद करने पर हमें स्वीकार करना पड़ा।

वहां से चले तब मन में उत्साह व प्रसन्नता थी। दोनों मित्र शहर से बाहर आये व बिगुल बजा बजा कर प्रसन्नता प्रकट करते हुए आगे बढे। हल्का हल्का प्रकाश हमारी राह में आ चुका था ठंडक भी थी।

हम लगातार 16-17 मील चले। यहाँ किशन दूध पीना चाहता था अतः एक गांव में मैंने चाय व उसने दूध लिया।

आज तो शुरू से आखिर तक हवा हमारे विरोध में रही, हवा भी तेज थी अतः बहुत ताकत खर्च करनी पड़ी। रास्ते में एक जगह एक ट्रक व बैलगाडी का भयानक एक्सीडेंट देखने को मिला, भैस मर गयी थी व बड़ी बुरी हालत में पड़ी थी। मन खराब हो गया।

चलते चलते आखिर जालंधर पहुंचे, यहाँ सीधे प्रोफ़ेसर साहब के घर आये। घर पर सिर्फ प्रोफ़ेसर साहब की पत्नी थी उनका व्यवहार काफी रुखा सा लगा, पर हम तो वहां रुकने का वादा जो कर गए थे।

उनकी पत्नी ने हमारा खाना बनाना प्रारंभ किया तब तक मैं सोता रहा, थकान बहुत हो रही थी। खाना खाकर फिर सो गया, व शाम को जब सुभाष सोनी आया तभी आँख खुली। कुछ देर बाद प्रोफ़ेसर साहब भी आ गए बातें हुई चाय नाश्ता हुआ। शाम को यों ही बैठे रहे मेगजीन आदि पढते रहे। हल्का अँधेरा छाते छाते खाना बन गया अतः खाना खाकर मैं सोनी व किशन घूमने निकले, सोनी से बहुत बातें हुई। सोनी ने किसी एक ऐसी माउन्ट आबू की सिंधी लड़की का जिक्र किया जो उसे 1966-67 में अजमेर में मिली थी व उससे ठीक तरह से पेश नहीं आई थी। कौन..... क्या हेम..... नहीं, वह नहीं हो सकती। आबूरोड की कोई लड़की भी हो सकती है, खैर इससे मुझे फिर हेम की याद ताजा हो आई, मैं उसे पत्र लिखने का मजमून सोचता रहा जबकि जानता था उसे पत्र लिखना संभव नहीं है। कितना मजबूर व बेवकूफ हूँ। .... ?

33

7 ओक्टोबर 1970 लुधियाना

आज प्रातः लगभग 7 बजे उठे ,तैयार होकर चाय नाश्ता किया, फिर सामान पैक कर सुबह आठ बजे प्रोफ़ेसर साहब के यहाँ से विदा ली। बाजार से गुजरने के बाद लुधियाना का रास्ता पकड़ा। आगे आने पर पुनः खालसा कॉलेज के लिए लौटना पड़ा क्योंकि जम्मू जाते समय खालसा कॉलेज के गुरवचन आदि से मिलने का वादा था, पर छुट्टी के कारण वे नहीं मिले। उसी दौरान तीन अन्य छात्रों ने हमारा स्वागत किया। तीनो खिलाडी थे उन्होंने हमें जबरन चाय नाश्ता कराया व यूनिवर्सिटी के खिलाडी कर्नल सिंह ने लुधियाना में अपने भाई का पता भी दिया।

चलते चलते जब फगवाडा गांव आने वाला था एक ट्रेक्टर हमारे समीप से गुजरा। उसके पीछे एक साईकिल सवार सरदार भी तेज गति से चल रहा था। किशन भी उसके साथ हो लिया। मुझे अपनी स्थिर गति में ही आनंद आ रहा था। आजू बाजू प्रकृति को निहारते चलना अच्छा लग रहा था, कुछ ही देर में वे मेरी आँखों से ओझल हो गए।

फगवाडा पर किशन को चलते चलते ढूंढा, पर वह नहीं दिखा। गांव क्रोस करने पर एक होटल से उसकी आवाज आई।। वह उसी सरदार के साथ बैठा था। मुझे भी रुकना पड़ा। उन्होंने मेरे लिए भी चाय नाश्ता मंगवाया। उस सरदारजी ने बताया कि उसने पहले भी हमें यहाँ से गुजरते देखा था अतः मिलना चाहता था, अच्छा हुआ इस बार हम मिल गए। वह सरदार पहले मिलिट्री में था व अब होम गार्ड में आ गया था।

वहां से चले तो किशन को पांच मील बाद ही फिर भूख लग गयी अतः गांव में उतरकर उसने दूध पिया। वहां से हम लगातार चलते रहे। 12 बजे लुधियाना व 12.30 तक कृषि विश्वविद्यालय पहुंचे। यहाँ होस्टल न.4 के रूम न. 46 में पहुंचते देर नहीं लगी। जिसका पता प्रभुपाल ने दिया था। यहाँ सरदार अमरजीत ने हमारा स्वागत किया व चाय नाश्ता कर हम वार्डन से जा कर मिले। इस समय वह परीक्षा देने ही जा रहा था अतः हमें मेस में खाना खाने बैठाकर स्वयं चला गया। वहीं मालूम हुआ कि यहाँ आल इंडिया युनिवर्सिटी के

फुटबाल टूर्नामेंट चल रहे हैं व आज हरियाणा का राजस्थान से मैच है मुझे याद आया कि हमारी कॉलेज के लड़के भी यूनिवर्सिटी में चयनित हुए थे ,हम शीघ्र ही मैच के ग्राउंड पर पहुंचे। धूप बहुत तेज थी। वहां दिल्ली –जे.एम. दिल्ली का मैच देखकर निराशा हुई। दिल्ली ने जे.एम. दिल्ली को तीन गोल से हराया था। कुछ ही देर में हमें राजस्थान की ड्रेस नजर आ गयी व हम तुरंत उस टीम के पास पहुंचे। इस बार हमारी कॉलेज के चार छात्र कैप्टेन खुशी राम, सतीश, हनुमान , व विक्रम चुने गए थे उनसे मिलकर बड़ी खुशी हुई। इतने सारे अजनबी गांवों में घूमने के बाद किसी अपनों से मिल रहे थे।

राज वर्सेज हरियाणा में मैच काफी सधा हुआ था, पास वगैरा भी बढ़िया थे। उन्होंने हरियाणा को 16 गोल से पराजित किया। बाहर खड़े खड़े हमारे सीने गर्व से फूल गए। मैच के बाद होस्टल आये, ये खिलाडी भी होस्टल न.4 में ही ठहरे हुए थे। हमने रूम में आकर स्नान वगैरा किया फिर इन्ही के साथ घूमने गए। लौट कर उन्हीं के साथ खाना खाया, चाय पी व कैरम खेला। यहाँ का होस्टल बहुत बड़ा, आधुनिक व सभी सुविधाओं से सज्जित है। यहाँ की यूनिवर्सिटी का स्तर बड़ा अच्छा लगा। मेस में खाना भी अच्छी क्वालिटी का था। अब रूम में हूँ व डायरी लिखकर सोने की इच्छा है।

34

8 ओक्टोबर,1970 लुधियाना

आज बड़े आराम से उठकर तैयार हुए व अमरजीत के साथ नाश्ता करने गए। नाश्ते में वही पंजाब के हर होस्टल की तरह ब्रेड, ओम्लेट,व गिलास भर दूध मिला।

यूनिवर्सिटी देखने गए। यह यूनिवर्सिटी बहुत बड़ी, व सभी सुविधाओं से भरपूर है। बड़े बड़े पुश्तकालय, विज्ञान शालाएं,, ईन्जीनीयरिंग विभाग हैं। आज तो यहाँ किसान दिवस मनाया जा रहा था अतः चहल पहल थी। मेला सा लगा हुआ था। घूम फिरकर हम रूम में आये। कुछ देर रेस्ट लेकर टीम के पास चले गए। किशन नरेन्द्र वगैरा से मिलना चाहता था धूप बहुत थी अतः मुझे विरोध करना पड़ा, पर फिर उसकी जिद के कारण दोनों चल पड़े। मुझे मालूम था कि इतना जल्दी किसी का भी मिलना मुश्किल होगा, नरेन्द्र के घर का तो हम पता भी नहीं लगा सके, अतः हार मानकर लौटे।

खाना खाया फिर कॉमन रूम में साईंस टुडे पढ़ने बैठ गए। इस समय मैं सुस्ती व थकान महसूस कर रहा था जबकि अभी 12.30 ही हुए थे।अतः रूम में आकर सो गया

2 बजे किशन व अमरजीत ने आकर उठाया क्योंकि अभी राजस्थान व गुरुनानक यूनिवर्सिटी का मैच था। मुझे बहुत सुस्ती हो रही थी अतः उन्हें जाने को कह दिया। फिर बैठे बैठे थोड़ा साहस पैदा किया, सरदर्द हो रहा था,बदन टूट रहा था फिर भी केन्टीन में जाकर चाय नाश्ता कर मैच देखने चला गया। मैच काफी आकर्षक था, शुरू में अच्छी टक्कर रही पर गुरुनानक की टीम इतनी अच्छी थी कि शीघ्र ही राज. पर गोल करना शुरू कर दिया व अंत तक 6 गोल से मात हो गयी।

दूसरा मैच पंजाब व दिल्ली का हुआ दिल्ली की टीम बहुत अच्छी होते हुए भी दुर्भाग्य वश 2 गोल से हार गयी। शाम इसी में हो गयी। रूम में आये कपड़े धोए व अब यहाँ लिखने बैठा हूँ। आज का दिन ठीक ठीक गुजर गया।

35

9 ओक्टोबर 1970
पटियाला (59 मील)

कल रात को खाना खाकर कॉलेज के फुटबॉल टीम के लड़कों से मिलने गए, वहां हमने अपना गर्म कपड़ों का एक बैग व ललची एवं वार्डन के नाम एक एक पत्र दिया ताकि हम हलके हो जाएँ।

वहां से हर्ष जैन (रूम न. 228) जो कि लुधियाना से कांगड़ा साईकिल टूर कर चुका है, से मिलने गए पर वह नहीं मिला। उसके रूम पार्टनर गुरदीप वगैरा ने अच्छा स्वागत किया और देखते ही देखते अशोक खुराना, सतवीर, व अन्य चार पांच छात्रों से मुलाकात हुई। काफी देर तक रूम के छज्जे पर चांदनी में बैठ बैठे बातें करते रहे। इनसे परिवार नियोजन, आज की शिक्षा , व भ्रष्टाचार को लेकर विचार विमर्श हुए व बहस हुई। सेक्स के विषय पर भी बहस हुई। सतवीर के पास बहुत बड़ा खेत है (182 एकड) उसने बहुत अनुभव ले रखे हैं, रात को हम उसी के रूम में सोये क्योंकि उसके दोनों पार्टनर बाहर गए हुए थे। रात को सोते सोते 1.30 हो गए थे।

प्रातः 7 बजे आराम से उठे व धीरे धीरे तैयार हुए। नाश्ता किया। यहाँ के कॉलेज हमारे कॉलेज कि अपेक्षा बहुत अच्छे हैं। यहाँ के मित्रों से व राजस्थान की टीम के सदस्यों से विदा लेकर हम पटियाला के लिए सुबह 9.30 बजे रवाना हो गए। कई तर्क वितर्क के बाद हमने पुनः चंडीगढ़ व शिमला जाने का प्लान रद्द कर दिया था।

रास्ते में मैंने एक जगह चाय पी। आगे चलकर हमें 'हीरो' साईकिल इंडस्ट्री का बोर्ड मिला। उसे देखकर हमारी प्रसन्नता बल्लियों उछलने लगी। हमने फैक्ट्री में प्रवेश किया। साईकिल बाहर ही चौकीदार के पास खड़ी कर अंदर गए । वहां मालिक ने हमारा स्वागत किया, कुछ बातें की फिर सुरेश (सेठ के लड़के) ने हमें फैक्ट्री का एक एक भाग दिखाया, व बताया कि साईकिल के एक एक पुर्जे कैसे तैयार होते हैं। हमने ये भी देखा कि विदेश भेजने के लिए साईकिल का उत्पादन अच्छी किस्म का किया जाता है व भारत में ज्यादा कीमत के कारण वे यहाँ नहीं बिकती है। उनपर रंग रोगन भी ज्यादा अच्छी मशीनों से किया जाता

है। उन्हें देखकर हम बड़े प्रशन्न हुवे। लौटते वक्त उन्होंने हमें एक चाकू व पर्स भेंट के रूप में दिया।

आगे चलने पर दो अन्य साईकिल सवार साथ हो गए, उन्होंने अपना घर आने पर हमें भी घर चलने को कहा पर हमने उनसे वहीं चाय वगैरा पीकर विदा ली। कुछ देर बाद रवन्ना शहर आया, आज किशन की ईच्छा थी गुरूद्वारे का लंगर खाया जाये। मैं भी यह तजुर्बा लेना चाहता था। इस समय 1 बजा था यहाँ हम गुरूद्वारे गए। मुझे बड़ी गन्दगी देखने को मिली, और मैंने शीघ्र ही वहां से चल देना अच्छा समझा।

आगे आने पर हम फतेहगढ़ साहिब गए जो कि जी.टी. रोड के साईड में चार मील दूर है। यहाँ गुरु गोविन्दसिंह जी के दो लड़के जिन्दा दीवार में चिन्वाये गए थे। उनकी माँ की समाधि देखी, उनकी समाधि देखी, जगह बहुत पशंद आई। मेरे व किशन के मन में उन दोनों के प्रति श्रद्धा के भाव भर गए व उनकी वीरता के आगे हम नत मस्तक हो गए।

कुछ सरदारों से मिले। एक सरदार जी जो कि मय परिवार घूमने आये थे, ने हमें यहाँ की व अन्य गुरुओं की हिस्ट्री बताई।

वहां से पटियाला के लिए वापस सिरहिंद आये। यहाँ के बाजार में एक होटल पर चाय पीकर फिर चले। किशन मुझसे आगे चल रहा था। हमें आगे कुछ सरदारों ने रोका व हमारे विषय में पूछताछ की। ये सरदार एक कंपनी के मालिक थे जहाँ मोटर गाडी की बौडी बनती है। उन्होंने हमें अपना काम दिखाया, यहाँ पूरी गाड़ी की बौडी 19000 में तैयार हो जाती है।

सिरहिंद से पटियाला का रास्ता अलग कट जाता है, हम इसी रोड पर बढे। धीरे धीरे सूरज देवता पश्चिम की ओर बढ़ रहे थे। यह रास्ता बहुत ही उबड खाबड़ था हालाँकि डामर रोड था। चौड़ाई भी कम थी कुछ मील तो 10 मील की गति से ही चले पर जब सूर्यास्त का समय हो गया तो हमने गाडियां एकदम तेज दौड़ा दी। गति 15-16 मील की रही। दोनों ओर पानी से भरे गड्ढे, पोखर व ऊँचे ऊँचे पेड होने से मच्छर आँख कान व मुहं से तेजी से टकराते थे। किसी तरह से घूमते फिरते बिना रुके यहाँ स्टेट कोलेज ऑफ एजुकेशन के होस्टल पहुंचे जहाँ मि.शुभ व जीवन ने स्वागत किया। हम यहाँ पूरी तरह से तरोताजा हुवे, खाना खाया। मेरी इच्छा न होने के बावजूद राम लीला देखने काफी दूर जाना पड़ा। रामलीला में बड़ा बोर हुआ।

जब नींद आँखों में चढने लगी तो किसी तरह होस्टल पहुंचे। अभी १२ बज गए हैं नींद आँखों में घूम रही है अतः विशेष वर्णन नहीं कर सका हूँ। प्रभु मेरी मदद कर।

36

10 ओक्टोबर 1970
पटियाला - दशहरा उत्सव

आज पूरा आराम करने के बाद हम सुबह 7.30 बजे जागे। शुभ व जीवन के साथ नाश्ता लिया। अब वे हमारे अच्छे मित्र बन गए हैं। उनके साथ हम यहाँ का म्यूजियम देखने गए, जिसकी बड़ी चर्चा सुनी थी। हम साईकिल पर गए व बारादरी से गुजरे। हमने वहीँ एक सुन्दर बगीचा भी देखा व एक सुन्दर नग्न स्त्री की मूर्ती भी जो कि तारीफे काबिल थी।

दुर्भाग्यवश दशहरे के कारण म्युजियम बंद था। वहीँ हमने तय किया कि हम कल म्यूजियम देखने के बाद ही अम्बाला के लिए आगे जायेंगे। हम होस्टल आ गए। तभी शुभ व जीवन के साथ किशन प्रिंसिपल से मिलने गया जिनका पता हमें जालंधर में प्रोफ़ेसर श्री नंदा ने दिया था। मैं होस्टल में ही रहा। किशन एक घंटे बाद वापस आया, तब हमने साथ खाना लिया व आराम करने लगे। शाम को 5 बजे हम दशहरा मेला देखने होस्टल से मेला स्थल तक डेढ़ मील दूर पैदल ही गए।। वहां एक बहुत बड़े मैदान में रावण बनाया हुआ था भीड़ लगी हुई थी, व लगातार बढती ही जा रही थी। संध्या हो चुकी थी व हल्का हल्का अँधेरा फ़ैल चुका था। हम हंसते फिरते घूम रहे थे। तभी न जाने किशन को क्या सूझी कि दो लकड़ी की पीपाडी खरीद लाया, और भी लड़के उसे बजाते घूम रहे थे किशन ने भी उसे घूम घूम कर बजाना प्रारंभ कर दिया। वह आज बहुत खुश था धीरे धीरे अँधेरा छा गया। अब तो हम चारों ने मिलकर खुश होना प्रकट कर दिया। एक स्थान पर रामलीला हो रही थी किशन ने वहां चार पांच अन्य लड़कों को अपने साथ मिलकर शैतानी शुरू कर दी व पुलिस वालों को भी छेड़ना शुरू कर दिया। देखते ही देखते किशन के साथ पूरी टोली इधर से उधर घूम रही थी। कभी झूले पर जाते, कभी रावण के पास तो कभी रामलीला के। शोर मचाते रहे व प्रसन्न होते रहे। बाद में मैंने व जीवन ने भी पीपाडी लेकर खुश होना शुरू कर दिया। सच पूछो तो जितनी स्वतंत्रता पूर्वक आज दशहरा एन्जॉय किया और कभी नहीं किया होगा। यही आभास रहा कि हम अपने ही घर में त्यौहार मना रहे थे। मेला अच्छा खासा भर गया था। जब रावण को जलने में कुछ ही देर बाकी थी हम वहां से चल दिए। बाजार से सेब व केले ख़रीदे व फिर

उस ग्राउंड के एक शांत कोने बैठ कर हंसी मजाक करते रहे व भूख शांत करते रहे। रावण के जलने के बाद से ही भीड़ लौटना शुरू हों गयी थी, हम भी उसी में शामिल हो गए। होस्टल आकर किशन जीवन के रूम में व मैं शुभ के रूम में सोने आ गए हैं

37

12 ओक्टोबर 1970 सोनीपत-

कल 11 तारीख को पटिआला में सुबह शीघ्र उठ गए थे। स्नान कर म्युजियम देखने चले गए। ये म्यूजियम काफी बड़ा था। सैंकडो वर्षों पुरानी वस्तुएँ देखी, वैसे तो देखने का सबसे बड़ा आकर्षण इसमें एक ऐसा चावल का दाना है जिसपर 233 शब्द खुदे हुए हैं पर अन्य पुरानी चीजें भी देखने के काबिल थी। सबसे पहले वह भाग देखा जिसमे राजा महाराजाओं के किये हुए शिकार पड़े थे। फिर वह भाग देखा जहाँ पुराने ज़माने के अस्त्र शस्त्र पड़े थे। अलग अलग किस्म की तलवारें, कटार, छुरियाँ आदि थे। भिन्न भिन्न किस्म की बंदूकें, व छोटी बड़ी पुराने युग की तोपें। चलते चलते उस स्थान पर पहुंचे जहाँ था हमारा आकर्षण वह छोटा सा चावल जिसपर छोटे छोटे काले धब्बे से नजर आ रहे थे लेंस उसके ऊपर लगा था जिससे वे पढ़ने में स्पष्ट नजर आ रहे थे। बिलकुल प्रिंटेड से शब्द थे। पास ही में एक कागज पर वह सब कुछ टाईप करके लिखा हुआ था। अधिकांश भाग महाराजा को संबोधन के शब्द थे।

उसे देखने के बाद पुरानी कारीगरी पीतल के बर्तनों पर, कपड़ों पर, शस्त्रों पर, पुरानी हस्तलिपियां आदि देखे। वह कार देखी जो फोर्ड कंपनी ने 1718 में सबसे पहले बनायीं थी। पूरा म्युजियम देखते देखते 12 बज गए। होस्टल आकर हमने खाना खाया व आराम किया।

हमारा प्लान था शाम को यहाँ से चलकर अम्बाला रुकेंगे अम्बाला यहाँ से 20 मील के लगभग था। लगभग तीन बजे हम यहाँ से चले हमारे साथ शुभ व जीवन ने भी यूनिवर्सिटी तक आने का निश्चय किया। हम चारों वहां से साईकिल पर चले। शुभ ने मुझे एक डायरी यादगार हेतु भेंट की। धूप थी फिर भी उमंग के साथ हम चल पड़े। चार पांच मील तक साईकिल पर दौड़ने के बाद युनिवर्सिटी आया। वहां से फिर चाय वगैरा पीकर उन दोनों मेजबानो से विदा ली।

राजपुरा तक आये तो पता चला कि यहाँ बिस्कुटों की फैक्ट्रीया हैं व डालमिया बिस्कुट की फैक्ट्री भी यहीं है। हमने उसे देखने का प्रोग्राम बनाया मील के पास गए तो पता चला कि आज रविवार है अतः भ्रमण करना नामुमकिन सा है तथापि हम उसके मैनेजर के पास

गए तो उसने सब कुछ दिखाना स्वीकार कर लिया व एक व्यक्ति ने हमें पूरी फैक्ट्री दिखाई। बिस्कुट बन रहे थे। बाजार में पैकेट्स बिकने वाले बिस्कुट कैसे बनते हैं इसका ज्ञान हुआ। पैकेट्स बाँधने वाले कारीगरों की कुशलता देखकर दंग से रह गए। ब्रेड बनाने का तरीका सीखा।

मैनेजर ने हमें अपने ऑफिस में प्रमाण पत्र दिया मैनेजर की ऑफिस से निकलते ही लैबोरेटरी में कार्य करने वाला व्यक्ति हमें लैब में ले गया व हमें विभिन्न चीजों के टेस्टिंग के तरीके बताये। मैंने दूध टेस्ट करना भी सीखा। उसने हमें ढेर सारे बिस्कुट खाने को दिए व दूध भी गर्म करके पीने को ऑफर किया। ताजे ताजे बिस्कुट व दूध का स्वाद ,मैं देखते ही देखते विभिन्न किस्मों के 20-22 बिस्कुट खा गया। किशन तो 30-40 बिस्कुट खा गया। फिर वह हमें उस विभाग में ले गया जहाँ क्रीम के बिस्कुट बन रहे थे। ये बिस्कुट और भी ज्यादा टेस्टफुल थे। हमने मौका पाकर वहां काम करने वाले कारीगरों से बात करनी चाही। उनके चेहरे से यही प्रकट हुआ कि उनके साथ धोखा किया जाता है कि तभी लैब वाला आ गया व कारीगर चुप हो गए। मेरे मन में क्रांति की भावना जाग्रत हुई पर फिर चुप चाप वहां से चल दिया। अंततः हम सबसे विदा लेकर चल दिए। अम्बाला ज्यादा दूर नहीं था सूर्य देवता छिपने को ही थे।

अँधेरा छाया तब तक हम अम्बाला पहुँच गए। अम्बाला में हमारा रुकने का प्रोग्राम अपने अजमेर के मित्र सिन्हा के जीजाजी के यहाँ था। वे यहाँ मिलिट्री में मेजर थे। मिलिट्री में पूछताछ पर पता चला कि उनकी पूरी बटालियन यहाँ से शिफ्ट हो गयी है। अब क्या करते।वहां से चलकर अम्बाला शहर में आये। थोड़ी थोड़ी थकान हो रही थी अतः एक होटल पर चाय पीने बैठे। यहीं एक लड़के से भेंट हुई जिसका दावा था कि वह बम्बई से साईकिल टूर पर निकला था व जम्मू कश्मीर तक गया था फिर पैसों की कमी के कारण साईकिल बेच दी व अब बस से भारत भ्रमण कर रहा है। उसकी वित्तीय समस्या के बारे में पूछा तो पता चला कि उसने घर से पैसे मंगवाए हैं। तब तक वह यहाँ धर्मशाला में ठहरा है। मुझे उसकी ये सब बातें अविश्वसनीय लगी। उसने कहा कि आप भी मेरे साथ चलकर रहो। पहले तो हमने वहीं धर्मशाला में चलने का मूड बनाया व वहीं बैठकर कुछ देर बातें की। उसकी अन्य बातों से ऐसा आभास हुआ कि वह बहुत सी बातें गलत बोल रहा है व नक्सलवादी जैसी किसी उग्रवादी संस्था से सम्बंधित है। किशन को मैंने अलग से जब ये बातें बताई तो वह मुझे व मेरी बात मान गया। बस इसी तरह हम अपनी थकान उतार रहे थे। अचानक ही मेरी नज़र आकाश पर गयी, मन में कुछ याद आया, चन्द्रमा पूरा निकला हुआ था ,चांदनी चंहु ओर बिखरी पड़ी थी। मैंने किशन को कहा कि क्यों न हम आज रात भर चलें, अभी तक कभी भी नहीं चले हैं। कुछ देर तर्क वितर्क के पश्चात् किशन चलने को मान गया।

मैंने सोचा कि चलने से पहले यहाँ के पुलिस स्टेशन को खबर देते चलें। इस समय रात के 9 बज गए थे।

आखिर हम उठे, साईकिल उठाई अम्बे माँ को मन ही मन याद किया व चल पड़े। इसी दौरान एक व्यक्ति ने यह कहकर भय दिखाया कि यहाँ के रास्ते में चोर मिल जाते हैं, पर मैंने हिम्मत न हांरनी थी, मन की यही अभिलाषा थी कि कोई घटना घटे तो मजा आये।

थोडा आगे चलकर किशन की सलाह पर किसी अनहोनी से सुरक्षा हेतु हमने अपने चाकू बाहर निकाल कर रख लिए। जी.टी.रोड पर दोनों ओर वृक्ष थे,आधे रोड पर चांदनी आधे पर वृक्षों की छाया। चांदनी में दूर दूर तक जंगल अच्छे लग रहे थे। हमारी साईकिलें बहुत हल्की चल रही थी। थोड़ी थोड़ी गर्मी अवश्य थी। हम साथ साथ अपने अपने विचारों में गुम चुपचाप चलते रहे । कभी कभी कुछ बातें भी कर लेते थे। चारों ओर सन्नाटा था। कभी कभी ट्रक हमारे पास से गुजरते रहे। कभी कोई छोटा मोटा सोया हुआ गांव भी आता, पर हम लगातार चलते रहे। आज रात भर में हमें 90 मील चलना था अतः थकान का तो प्रश्न ही नहीं था। रास्ते में एक गांव में हमने कुछ देर आराम किया, व पेट हलके किये। फिर किशन ने खाना खाया। फिर जंगल ही जंगल पार करते रहे। रात के बारह बजे के लगभग हवा चल पड़ी थी अतः मैंने हाफ बाँहों का स्वेटर पहना, किशन ने भी बुशर्ट ताकि सर्द गर्म से बच सकें।

इस चांदनी रात में चलते चलते मैं एक कहानी का मैटर सोचता रहा था। चाँद हमारे सर पर आ गया था। चलते चलते हम पीपली से गुजरे उसके बाद जंगल और भी घना हो गया, पेड की आड में चांदनी ने भी मुह मोड लिया।

करनाल पहुंचते पहुँचते किशन ने थकावट का आभास दिया अतः किशन की इच्छा अब आगे और चलने की नहीं थी। उसने वहीं रुकने का प्रबंध करने का विचार बनाया व हम शहर में दाखिल हों गए। रात के दो बजे थे अतः धर्मशाला वगैरा सभी बंद हों चुकी थी। पूरा बाजार बंद व सुनसान था। एक छोटी सी होटल खुली मिली। हमने कुछ देर यहीं आराम कर फिर आगे बढ़ने का विचार बनाया। होटल वाला भी बड़ी मुश्किल से माना। आखिर माना तो....... किशन अंदर बांकडे पर सो गया । उसे तुरंत नींद आ गयी। मैं बाहर बांकडे पर आकर कुछ देर तो बैठा रहा व जिंदगी के इन अनुभवों पर विचार करता रहा पर फिर मेरे शरीर ने भी जवाब दे दिया और मैं वहीं लेट गया।कुछ ही देर में आँख लग गयी।

चार बजे होटल वाले ने उठा दिया। हमने मुहं वगैरा धोकर चाय पी, फिर जैसे तैसे साईकिल उठाकर चल पड़े। इच्छा तो नहीं थी पर करते भी क्या। करनाल शहर से निकलते ही पेट्रोल पम्प मिला, किशन ने कुछ देर यहाँ और रुककर पेट हल्का करना चाहा। वहां एक लड़के ने हमें रूम के अंदर बैठने दिया चारपाई पर हम लेटे किशन ने अपना कार्य निपटाया तबतक मैं लड़के से बात करता रहा। उसने मैट्रिक पास कर ली थी। उसे देख मुझे विष्णु की याद आई। आखिर 5.45 हम फिर आगे बढे। अब तक हमारी नींद वगैरा उड़ चुकी थी। ठंडक अवश्य थी। चाँद धीरे धीरे ढलने लगा था पर अँधेरा छाया हुआ था। हमारी चाल धीमी थी। कुछ देर तक हम फिर भी ठीक चले पर जब डेढ़ घंटा और बीत गया, हम ढीले पड़ गए। दिन निकलने के बाद हमें हर 10-15 मील पर आराम लेने व पानी पीने की शिकायत रही। किशन मुझसे आगे निकल गया। उसके बाद तो हम लगभग अंत तक अकेले अकेले ही आगे पीछे

चलते रहे। दिन निकला सूरज चढता गया और हम थके हारे से चलते रहे।

जब सोनीपत 20 मील रह गया था तब तो बहुत ही बुरी हालत हो रही थी, सुस्ती सी चढ रही थी। आखिर कल सुबह से ही हम भाग दौड कर रहे थे।

बड़ी कठिनाई से चलते चलते हम सोनीपत रोड पर पहुंचे। सोनीपत यहाँ से तीन मील था, धूप चढ गयी थी तथा पसीना भी आने लगा था।। प्यास बहुत ज्यादा लगने लगी। ये तीन मील मैंने सबसे ज्यादा कठिनाई में गुजारे। कहीं पानी तक नहीं दिखा, किशन का कहीं पता नहीं था, मुझे यही ख्याल आया था कि वह होस्टल पहुँच गया होगा।

आखिर 10 बजे मैं होस्टल में उतरा। नंदा वगैरा देखते ही उछल पड़े। मैं भी जाते ही चारपाई पर लेट गया। किशन को वहां न देख मैं आश्चर्यचकित हुआ। पर थकान में कुछ भी सूझ नहीं रहा था। कल शाम से रातभर चलकर हमने लगभग 135 मील का सफर तय किया था। आधे घंटे बाद किशन भी आया,वह पिछले गांव में एक होटल में आराम हेतु रुक गया था जबकि मैं उसे वहां देख नहीं पाया व सीधा चलता रहा था।

खैर हम दोनों सोनीपत पहुँच गए, मन की चिंताएं सभी समाप्त। पसीने से हालत खराब थी एक डेढ़ घंटे आराम कर स्नान किया, ताजा अनुभव किया पर थकान व नींद अब भी नजरों में थी।

डेढ़ बजे वीरेंदर ने खाना खाने चलने का प्रोग्राम रखा, धूप में व थकावट के कारण मेरी इच्छा बाहर जाने की नही थी पर उनके बार बार आग्रह पर अपने आपको कमजोर न दिखने के लिए मैं साथ चला गया। बड़ी मुश्किल से होटल पहुंचे, खाना खाया व फिर आकर सो गए। बहुत ही गहरी नींद आई। किशन रूम में सोया जबकि मैंने बाहर गलियारे में प्रकृति की बहती ठंडी हवा में सोना पसंद किया। अभी शाम को कहीं जाने की विशेष ईच्छा नहीं है। अभी भी न जाने क्यों सुभाष सोनी की बातें मस्तिष्क में उभर रही हैं....... ऐसा क्यों है ये मेरा पागल मन नहीं जानता ......

38
14 ओक्टोबर 1970
-दिल्ली

कल 13 तारीख को शाम को हम सोनीपत से 6.30 पर चले थे व 8.30 बजे देहली पहुँच गए थे। आशा यहाँ नहीं है अपने ससुर जी के पास गयी हुई है रात को जीजाजी वी.एन.साब भी लेट आये थे अतः उनके मकान मालिक के यहाँ बैठकर इंतजार करना पड़ा था। मैं आज सुबह विजय से मिलने गया था व किशन अपने मित्र से। मैं वहीं से खाना खाकर लौटा था।

आज हरारत महसूस हो रही है। शायद बुखार हो। कल सोनीपत में बाहर जो सोया था, हरी हरी घास पर। थकावट में नींद, फिर रात में ओस बरसी होगी। तभी ये हालत है। नींद से अभी अभी उठा हूँ मन में विभिन्न प्रकार के विचार हैं किशन सुबह अपने मित्र से मिलने गया था अभी तक आया नहीं है वह आते ही यहाँ से चलने की बात करेगा क्योंकि हमने आज गुड़गाँव पहुँचने का विचार बनाया था। मुझसे चला न जाएगा तो,......देखी जायेगी, जो भी होगा।

अभी हेम की याद आ रही है यदि वह आबू होती तो मैं आबू तक साईकिल पर ही जाता। तब वह स्वागत करती। टूर की बातें पहरों बैठकर मैं उसे सुनाता। अम्मी भी चिंता कर रही होगी......

'रहिमन निज मन की व्यथा मन ही राखो गोय,
सुनहि हंसी लहें लोग सब, बाँटहि लहें न कोय'।

39

15 अक्टूबर 1970 देहली से गुड़गांव-

(जयपुर में 18.10.70 को लिखा)

देहली से 14 ओक्टोबर की शाम को लगभग सात बजे खाना खाकर रवाना हुए उस समय मुझे बुखार सा महसूस हो रहा था। पैरों में हल्का दर्द था व शरीर में सुस्ती। मैंने चाहा देहली एक दिन और रुक जाएँ पर किशन ने आगे बढ़ने में ही भलाई समझी। देहली से गुडगाँव सिर्फ 22 मील है हम दोनों वहां से साईकिल उठाकर चल पड़े अँधेरे व ठंडक में साईकिल चला रहे थे शहर पार करने में ही एक घंटा लग गया। रास्ते में ही एक सरदार से किशन ने रास्ता पूछते पूछते ही दोस्ती कर ली। मैं तो चुपचाप चल रहा था मेरी इच्छा शीघ्र ही कहीं पहुँच जाने की थी उस सरदार ने जबरन मुझे कोक पिलाई। मुझे प्यास अवश्य लग रही थी पर मैं उसकी हानि जानता था।

किसी तरह चांदनी रात में चलते चलते हम रात को 10 बजे गुडगाँव पहुंचे। यहाँ पहुंचते ही मुझे थकान चढ गयी, पैरों में दर्द था, शरीर से कुछ ठीक नहीं लग रहा था। सिर दर्द भी हों रहा था।

किशन के एक पुराने मित्र के यहीं ठहरने का प्लान था किशन उसका घर ढूँढने गया व मैं होटल पर बैठ गया। जैसे ही रहने का प्रबंध हो गया वह मुझे लेने आ गया। मुझे ऊपर वाले रूम में ले गए। मैं थोड़ी सी औपचारिकता के बाद ही लेट गया। उन्हें पता चल चुका था कि मुझे बुखार है। अतः उन्होंने जबरन ही चाय नाश्ता मंगवा लिया कोड़ापायिरिन की गोली भी। जबकि मेरी इच्छा बिलकुल शांत होकर सो रहने की थी। खैर मैंने गोली वगैरा ली अब तो मुझे ताप भी महसूस हों रहा था पैरों की नसें मानो खिंच रही थी। धीरे धीरे निंद्रा आने लगी व मैं कुछ कुछ सोचते सोचते सो गया। रात को तीन चार बार आँखे खुली व देर तक जागता रहा था।

40

15 अक्टूबर, 1970 - गुड़गांव से शाहपुरा

(जयपुर में 18.10.70 को लिखा)

सुबह उठा तब तक 7 बज चुके थे। मैं अपने आपको कमजोर पा रहा था, मैंने उन लोगों को अपने बुखार के बारे में बताना उचित नहीं समझा। स्नान वगैरा के बाद उठा तो चक्कर का सा आभास हुआ पर मैंने अपने आप पर नियंत्रण किया व नोर्मल सा बना रहा। चाय नाश्ता किया तबतक भी किशन नहीं आया था जो कि रात को अपने मित्र के मकान पर सोया था। मैं ऊपर वाले कमरे में जाकर सो गया, ठण्ड लग रही थी, आँखे भी भारी भारी थी, शायद मुझे ज्वर था।

किशन आया व मुझे सोता देख थोडा चिंतित हुआ पर फिर उसकी ईच्छा आगे बढ़ने की देख मैं भी तैयार हों गया। मैं भी किसी तरह जयपुर पहुँचना चाहता था। किशन जहाँ सोया था हम सारा सामान लेकर वहीं आ गए। अब मुझे चलने में भी कठिनाई हों रही थी। उसके मित्र के घर मैंने स्वस्थ दिखने की कोशिश की व अपने मन को दृढ करता रहा। उन्होंने खाना खाने को कहा पर मेरी बिलकुल भी ईच्छा नहीं थी। हमने एक दो घंटे रूककर चलने की ईच्छा बनायीं। मुझे आराम के लिए एक चारपाई दे दी गयी। तभी एक पडौसी ने आकर मेरा हाथ छूकर इस ज्वर में जाना ठीक नहीं बताया। पर हमने तो आगे बढ़ने की सोच रखी थी। आखिर उसकी दूसरी सलाह मान कर सेरिडॉन की एक गोली खाकर कम्बल ओढ़ कर सो गया। मन ही मन अपने मन को दृढतर करता रहा। एक घंटे सोने में मुझे बहुत पसीना आ गया व ज्वर टूट गया। मैं तुरंत उछलकर खड़ा हों गया व जूते पहन कर चलने को तैयार हों गया।

सबसे विदा ली। अब तो बस चलना ही था मेरा ताप कम था पैरों में दर्द था जो कि अधिक साईकिल चलाने पर बढ़ जाता था व दुःख देता था। इस समय धूप भी थी फिर भी जैसे तैसे चलते रहे। हर पांच-सात मील पर उतरना पड़ा। आज जिस कठिनाई में साईकिल चलाई है

वह शब्दों में लिखना भी नामुमकिन है। किशन मुझसे आगे चलता रहता व मैं उसका पीछा करते जैसे तैसे चलता रहता। आज प्यास भी बहुत लग रही थी जबकि दूर दूर तक पानी नहीं मिलता था।

धारूहेड़ा पर हमने चाय पी। इससे आगे शाहपुरा तक कोई गांव नहीं आया। रास्ते में एक जगह प्यास लगने पर मैं उतरकर एक कुँए पर गया वहां पानी खराब नजर आया पर प्यास में उसे ही डोल से खींच कर पिया। किशन तो आगे चला गया था।

धीरे धीरे शाम ढलने लगी व अँधेरा घिरने लगा जबकि अपनी मंजिल कोटपुतली से हम 30-35 मील दूर थे। हरियाणा सीमा पास ही में थी, अँधेरा अब तक घना हों गया था यों तो चांदनी बिखरी हुई थी पर सन्नाटा व वीराना तो था ही। किशन भी मुझसे आगे इस जंगल में अकेला चल रहा था मैं उससे लगभग डेढ मील पीछे था। काफी दूर से हम लगातार चल रहे थे, अतः मेरी उतरने की इच्छा तो बहुत हुई पर रात में डर यह था कि किशन बहुत ज्यादा आगे न निकल जाये, इधर मेरी हालत खराब होती जा रही थी।

मैंने ज्योंही धीरे धीरे चलकर हरियाणा सीमा से राजस्थान में प्रवेश किया, किशन मुझे प्रतीक्षा करते मिल गया। मुझे बड़ी सांत्वना मिली और मैं साईकिल से उतरकर रोड पर लेट गया। सर गर्म था शरीर जल रहा था। कुछ देर यहाँ बैठे किशन ने जैसे तैसे साहस बंधाया पर मैंने उसे स्पष्ट बता दिया कि अब आने वाले शाहपुरा से आगे मैं बिलकुल भी नहीं चल सकता। कोटपुतली पहुंचना मुश्किल है। शाहपुरा पहुंचते ही मैं एक होटल की चारपाई पर लेट गया, चाय बनी फिर मैंने एक साथ तीन गोलियाँ खाली, एक हाथ पैरों में दर्द के लिए, एक ताकत के लिए व तीसरी सभी प्रकार के बुखार व दर्द के लिए। रात भर वहीं रुके व डाक बंगले में जाकर सो गए ।

41

16 ओक्टोबर 1970 - शाहपुरा से जयपुर

(जयपुर में 18.10.70 को लिखा)

सुबह उठे उस समय मैंने अपने आपको बिलकुल स्वस्थ पाया। बस पैरों में हल्का हल्का दर्द था। सुबह शीघ्र (6 बजे) उठकर हम जयपुर के लिए रवाना हुवे। आज मैं आगे चला जाता था व किशन बाद में आता था। मैं थोडा सा ही आराम लेकर फिर आगे बढ़ जाता किशन लंबा रेस्ट लेकर मुझे पकड़ लेता। रास्ते में आज कई जगह बैठकर ग्लूकोज डी लेता रहा। पानी पीता रहा और धीरे धीरे रास्ता तय करते रहे।

शाम को जब जयपुर पहुंचे, मन में कुछ शांति थी। आज बहुत साईकिलिंग की, पर रुक रुक कर, अतः थकान कम ही थी, कमजोरी बहुत लग रही थी पर मन में प्रसन्नता थी कि हम जयपुर अपने घर पहुँच गए हैं अब तो जीजी का प्यार सारे दर्द मिटा देगा। जयपुर हम शाम को सात बजे पहुंचे थे।

अब तो हमें केवल जयपुर से अजमेर तक की यात्रा ही करनी थी। अतः मन संतोष से भर गया था।

42

20 ओक्टोबर 1970 जयपुर से अजमेर -

जीजी (बड़ी बहन) के आदेश के अनुसार हमने तीन चार दिन जयपुर रुकने का प्लान बना लिया ताकि मेरी तबियत ठीक हो जाए। किशन भी अपने मित्र के घर चला गया था। अब यात्रा से सम्बंधित कुछ करने को था भी नहीं सिवाय अजमेर पहुँचने के। किशन ने अजमेर अपने मित्रों को जयपुर आने का समाचार भिजवा दिया था। मैंने भी अपने मित्र मणि वगैरा को पत्र लिख दिए थे। वैसे भी हमारा 20 ओक्टोबर को ही अजमेर लौटने का प्रोग्राम था।

आज सुबह उठकर हम जयपुर से चलकर शाम तक अजमेर में प्रवेश कर गए। हमें लेने के लिए सभी लड़के पांच छः मील तक मोटर साईकिल, स्कूटर व साईकिल पर आये थे वे धूमधाम से हमें शहर में ले आये। वैसे कॉलेज की छुट्टियाँ होने के कारण आज जुलुस में उतनी भीड़ नहीं थी व कॉलेज परिसर भी शांत मिला। होस्टल भी लगभग सुनसान था। आज सभी ने हमारी भूरि भूरि प्रशंसा की । ललची ने अवश्य इस बात का दुःख प्रकट किया कि हमने उसे यात्रा के दौरान कोई व्यक्तिगत पत्र नहीं लिखा। आज दिन भर हर जगह टूर के चर्चे ही करते रहे। कॉलेज की छुट्टियाँ हो जाने से कॉलेज में कोई समारोह जैसा नहीं हो पाया। समाचार पत्र ने वापसी की खबर ले ली है, शायद कल छप जाये। पता चला कि यहाँ अफवाह फ़ैल गयी थी कि सुभाष का पैर खराब हो गया है अतः वे बस से वापस आ रहे हैं। खैर...... सब का अब भ्रम टूट गया व अब इस यात्रा का समापन हुआ। हम बहुत प्रसन्न हैं। मैं इसे जिंदगी की एक बहुत बड़ी सफलता मानता हूँ।

मुख्य बात आते ही मणि ने जो खुश खबर सुनाई वह थी कि सप्लीमेंटरी परीक्षा में मैं पास हो गया हूँ, मैं परिणाम जानने को लंबे समय से इंतजार कर रहा था पर कहीं से कोई समाचार नहीं मिल रहे थे। चलो यात्रा के साथ ही पढाई की यह मंजिल भी पार हुई। अब तो बस पुनः होस्टल से अपने घर आबू जाने की तैयारी करनी होगी। मेरी माँ भी मेरी प्रतीक्षा में बैठी होगीं. प्रभु मुझे शक्ति दो........

Swastika Spinning Mills

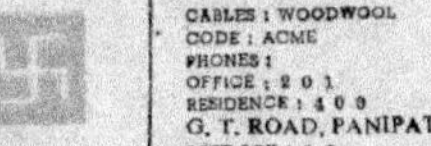

CABLES : WOODWOOL
CODE : ACME
PHONES :
OFFICE : 2 0 1
RESIDENCE : 4 0 0
G. T. ROAD, PANIPAT
POST BOX : 1 5

Manufacturers of:
WOOLLEN YARN

September 17, 1970

We have the pleasure to meet Mr. Kishan Dutt Sharma and Mr. Subhash Chandra Agarwal, students of Government College, Ajmer, who are taking a Cycle tour and visited our Mills on way to Kashmir today i.e the 17th of September. We are much impressed to see the adventure and their aims and motives.

We wish them all success in achieving their mission.

For Swastika Spinning Mills,

Vinod Kumar

Partner.

P. N. MATHUR
PRINCIPAL

PHONE { OFFICE : 21
RES : 379

GOVERNMENT COLLEGE
AJMER

It gives me pleasure to certify that a team of 4 students of this College are proceeding on a Cycle tour of Northern India, in the Second week of September, 1970. Their tour is likely to end in October, 1970.

These students may please be extended all possible facilities in regard to the Lodging arrangements etc.

I wish them all success in their adventure.

Name of the Tourists:-

1. Krishan Dutt Sharma
2. Subhash Chand Agarwal
x 3. Natwar Lal Goyal
x 4. Gopal Vishwa

(P. N. Mathur),
Principal.

Principal
Government College, AJMER

Cable [H. O.   : HINDOWIDAT, New Delhi
      [Factory : HINDOWIDAT, Narela

Phones [H. O.   : 361421/361422
       [Factory : Sonepat—200
         Telex   031-566

Hindustan
Dowidat Tools Ltd.

Registered Office : U. CO. BANK BUILDING, 2nd FLOOR, PARLIAMENT STREET, NEW DELHI-1.

Ref. No. ______ UCP/ ______ /9/70   16th Sept.' 70.

I have a pleasure to meet Mr. Kishan Dutt
Sharma and Mr. Subhash Chandra Agarwal,
students of Government College, Ajmer, who
are taking a Cycle tour and visited our
works on way to Kashmir today i.e. 16th Sept.
1970. We are much impressed to see the
adventure and their aims and motives.

We wish them all the success in achieving
their mission.

                              for Hindustan Dowidat Tools Ltd.

                              LABOUR OFFICER

FACTORY : NEAR 20TH MILESTONE G. T. ROAD, P. O. PRATAP STADIUM TEHSIL SONEPAT, DISTT. ROHTAK. (HARYANA)

Gyan Prakash Pilania
Indian Police Service

Distt Supdt of Police,
Ajmer (Rajasthan)

September 8,1970.

It gives me immense pleasure to
certify that a team of two students
is proceeding on a Cycle Tour of
Northern India, in the second week of
September 1970. The tourists are the
students of Govt. College Ajmer. Their
tour is likely to end in October, 1970.

These students , when approached
for any genuine help , may please be
extended all possible help and faci-
lities in regard to the lodging
arrangements etc.

Police Officers of the Police
Stations of their proposed route are
specially requested to help them in
their hour of need.

I wish them all success in
their adventure.

Names of the
tourist are:-

1. Krishan Dutt Sharma,
2. Subash Agarwal.

(G.P. Pilania)

BURMA
MECHANICAL WORKS

258,
INDUSTRIAL AREA A,
LUDHIANA—3.
PHONE : 4252
GRAMS: "BURMAN"

It is a great pleasure for us
That Mr. Kisan and Mr. Subash. visited.
our factory on 20th Sept. I admire
those fellow's determination that they
are travelling on bikes for such
a long distance.

I wish them a happy.
life and best of journey.

MANUFACTURERS OF "BURMAN" POWER PRESSES

N. C. SHARMA
Production Manager

Patiala Biscuit Mfrs. Private Ltd.,
RAJPURA (Punjab)

11 . 10 . 70

This is just to Certify that Shri K. D Sharma & Shri Subhas Agarwal Student of Gonh College Ajmer Visited our factory while coming back from Shrinagar on their Bycles. I am really happy to see their enterprising Spirit in studentlife & wish them all success in life.

N.Sharma

OCM

The Oriental Carpet Manufacturers (India) Pvt. Ltd.

THE O.C.M. WOOLLEN MILLS DIVISION

REGD. OFFICE : AMRITSAR, INDIA
GRAMS : TEZIAK
PHONES : 8220, 8267, 8324
TELEX : AK 218

POST BOX No. 34

REF. No. _______________

AMRITSAR (INDIA) __5th October,__ 197 0

<u>TO WHOM SO EVER IT MAY CONCERN</u>

    This is to certify that Shri Subhash Aggarwal and Krishan Datt Sharma, students of Government College, Ajmer who are on a cycle tour of Northern India paid a visit to our Mills to-day, the 5th October,1970, on their way back from Jammu and Kashmir State. During their brief stay with us, they left an impact on us of their Dynamic personalities, sense of duty and devotion to their country and tremendous initiative and spirit of adventure for the fullfilment of their ideals. Our country needs young-men of this type who are fired with a spirit of adventure and incicate a deep sense of discipline.

    We wish them good luck and success in the attainment of their mission.

(Devinder Singh Sodhi)
Labour & Welfare Officer.

No. Misc./ 5038 /DT/70.   Dated. 11·9·70

Two students of Govt. College, Ajmer Shri Krishan Dutt Sharma and Subash Chand Agarwal are undertaking a Cycle tour of northern Indian starting in September and likely to extend to the end of October, 1970. Any assistance given to them in regard to making their journey and stay comfortable will be greatly appreciated. All establishmentsconnected with tourism are requested to help them to make their journey and stay comfortable.

(MRS. JANAK GORWANEY)
सहायक निदेशक,
पर्यटन विभाग, राजस्थान
जयपुर

दूरभाष : 386

हिन्दू कॉलेज, सोनीपत

तिथि <u>16. 9. 1970</u>

क्रम संख्या

Mr. Kishan Dutt Sharma and Mr. Subhash Chandra Agarwal, students of Government College Ajmer, who are taking a cycle tour of Northern India, met me today the 16th of September,70. I am much impressed to see the adventure and their aims and motives.

W I wish them all the success in achieving their mission.

(G.L.MALHOTRA)
Principal,
HINDU COLLEGE,
SONEPAT.

Anil Bordia,
Collector and Distt.Mag.

Ajmer (Rajasthan)

September 8,1970.

        I feel happy to certify that
two students of Govt.College, Ajmer, viz.
Krishan Dutt Sharma and Subash Chand Agarwal are
undertaking a Cycle tour of northern India in
this month. These students have displayed a
spirit of adventure and enquiry which is very much
to be appreciated.

        I request all persons interested in
such activities to please extend all possible
help to these young men.

                        (Anil Bordia)
                Collector and Distt.Magistrate,
                        Ajmer,

Government College Gurdaspur.

Dated : 4 Oct. 1970

Certified that Sr.Shri Subhash Aggarwal and K. D. Sharma touring this part of our country on bicycles came to Gurdaspur from Jammu on 3rd Oct. 1970 and stayed for the night in the Govt. College Hostel, Gurdaspur. They resumed their journey on 4 Oct. 1970 towards Amritsar. I wish them all success in their adventurous pursuit.

Partap Singh
Hostel Supdtt
Govt. College Gurdaspur

THE BRITISH INDIA CORPORATION LIMITED

REGISTERD OFFICE : B. I. C. HOUSE, 14/77, CIVIL LINES, KANPUR.

New Egerton Woollen Mills Branch

DHARIWAL, PUNJAB, INDIA

WOOLLEN & WORSTED SPINNERS AND MANUFACTURERS SINCE 1880

TELEGRAMS : EGERTON DHARIWAL   CODES : A.B.C. 5TH EDITION

TELEPHONE : GURDASPUR 29   WESTERN UNION BENTLEY'S LOMBARD

DHARIWAL 45

4th October, 1970.

<u>TO WHOM IT MAY CONCERN.</u>

       This is to certify that
Sarvshri Subhash Aggarwal and Krishan
Datt Sharma, students of Government
College, Ajmer, who are on a cycle tour
of Northern India paid a visit to our
Mills today, the 4th October, 1970, on
their way back from Jammu and Kashmir
State. They have impressed us with their
spirit of adventure, enterprise and their
ideals.

       We wish them good luck and
success in the attainment of their goals.

     For The British India Corporation Limited,
      NEW EGERTON WOOLLEN MILLS BRANCH.

        (Arun Chandra)
     ADMINISTRATIVE OFFICER.

AC:CL:

NEW HOSTEL
GOVERNMENT COLLEGE, LUDHIANA.

R. G. Bajpai
Principal

A. S. Kahlon
Prefect

R. P. Salwan
President R. R.

B. S. Tangri
Mess Manager

A. S. Puri
Warden

R. S. Tiwana
Prefect

G. S. Deol
President C. R.

C. S. Sodhi
Mess Manager

B. S. Grewal
Superintendent

J. P. Singh
A. P.

P. L. Handa
Secy. R. R.

M. S. Verma
Mess Manager

F. C. Chopra
Superintendent

D. D. Singh
A. P.

P. K. Goyal
Secy. C. R.

K. K. Kaura
Mess Manager

Saroop Singh
Canteen Manager

DATED... 20 9/70

Sarv Shri Subhash Chand Aggarwal and
Krishan Dutt Sharma, Students of Govt College
Msc. Part I *Bcom Part I*

Ajmer were welcomed by this college to day.

They have stayed with us for the night

This is a good economical way for the
students to visit their Great Mother land and
to get first hand knowledge of her people & places.

Their sense of adventure confidence & courage
will be fully rewarded by this Inter-State Cycle
trip of Northern India

May nature help them to cycle smoothly

Balji Sharma
Superintendent
New Hostel A & B
Govt College, Ludhiana

20 9/70

CUSTOMERS